logistics4.0

일러두기

* 이 책에서 쓰인 물류 및 산업 용어는 국립국어원의 표준국어대사전과 우리말샘 그리고
국가물류통합정보센터를 참고했다.
* 이해를 돕기 위해 덧붙인 설명에서 지은이 외의 것은 따로 표시했다.

로지스틱스 4.0

—— 물류의 미래와 창조적 혁신 ——

오노즈카 마사시 지음 | 오시연 옮김 | 정연승 감수

에디밀
E-MEAL

차
례

3장 ⦾ 첨단화의 전망 ⟶ ⦾ 096

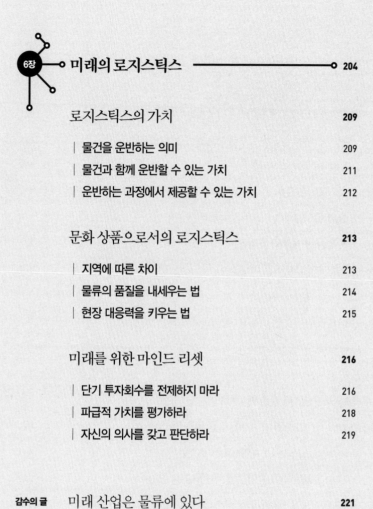

차세대 GAFA는 물류에 있다

물류의 위기

지금 물류업계는 위기에 봉착해 있다. 일본의 경우 최대의 택배 회사 야마토운수^{ヤマト運輸}가 운송 작업자들의 과도한 노동 문제로 입방아에 오른 적이 있다. 이후 소비세가 올랐던 때를 제외하고 27년 만에 운송 가격을 인상하고 화물량을 억제하는 규제를 실시했다. 업계 2위 사가와큐빈^{佐川急便}, 3위 일본우편(우체국)도 이에 동조한 결과, 택배 운송료는 불과 1년 만에 10퍼센트 이상 상승했다. 사실 택배 사업자만 가격을 인상한 건 아니다. 물류량이 증가함에 따라 대형 물류 회사도 일제히 가격 인상을 단행했다. 근로 방식을

개혁하고 급여 수준도 인상했다. 그래도 여전히 인력 부족 문제에 시달리고 있다. 화물을 배달하고 싶어도 배달해 줄 물류 회사를 찾지 못하는 일이 발생하는 것이다. 적지 않은 사업자가 물류비용 상승으로 인해 이익을 확보하기 어려워졌다. '물류 위기'는 물류업계에만 영향을 미치지 않는다. 물건을 운반하지 못하게 된다면 결국 경제에 지장을 줄 것이다.

물류업계에 인적 자원을 더 많이 투입하면 문제를 해결할 수 있지 않을까? 물론 급여와 근로 환경을 개선하면 물류업계의 인력을 늘릴 수 있다. 그러나 생산 연령 인구가 감소하고 있는 상황에서 인력을 늘리는 방식에 의존하는 것은 위험한 방법이다. 물류비용이 더 오를 수도 있다. 인력을 늘리지 않으면서 물류를 확대해야만 이 문제를 근본적으로 해결할 수 있다.

미래 기술과 혁신

이 책에서 소개하는 '로지스틱스 4.0'은 물류업계에서 진행 중인 혁신이다. IoT(사물인터넷), AI(인공지능), 로보틱스 등 차세대 테크놀로지 발전과 활용 확대는 로지스틱스의 근간을 흔들어 놓았다. '소인화少人化'와 '표준화'에 따른 물류 장비산업화가 일어나고 있다. 로지스틱스 4.0의 본질은 탈脫노동집약이다. 물류는 인적 자원에 의존하지 않는 비즈니스 모델로 바뀌고 있다. 이런 비연속적 변화 뒤에 찾아올 미래를 신속하게 만들어 낸다면 차세대 GAFA가 될 수 있을 것이다. GAFA를 구성하는 구글 Google, 애플 Apple, 페이스북 Facebook, 아마존 Amazon은 IT 발전을 고려한 비즈니스 모델을 남보다 먼저 구축해 현재의 지배적 지위를 얻는 데 성공했다.

로지스틱스 업계에도 과거의 IT 발전에 필적하는 변화가 일어나고 있다. 자율주행 트럭 실증 실험이 세계 각지에서 실시되었다. 로봇과 드론을 직접 볼 기회도 많아졌다. 화주貨主와 물류 리소스를 연계하는 비즈니스도 크게 성장했다. 탈노동집약이 실현될 날은 그리 먼 미래가 아니다. 로지스틱스 4.0은 물류 회사로서는 기존 비즈니스 모델에 대한 '파괴적 위협'이자 비약적 성장을 이룰 수 있는 '창조적 혁신'의 계기가 될 것이다. 물류 비즈니스에 진입하려는 화주와 제조업체에게는 절호의 기회이기도 하다. 이 책에는 로지스틱스 업계에서 창출될 새로운 비즈니스 아이디어로 가득하다. 혁신적 사례와 생존을 위한 방향성, 화주와 제조업체에 열려 있는 사업 기회와 전망에 대해서도 다루었다. 이 책이 로지스틱스의 미래를 향해 걸어 들어갈 수 있는 계기가 되기를 바란다.

오노즈카 마사시

경제의 혈맥, 로지스틱스 4.0

로지스틱스Logistics라는 말은 원래 병참兵站이라는 군사 용어에서 비롯되었다. 병참은 군사 활동을 하는 데 필요한 사람, 무기, 장비, 식량 등을 관리하고 필요한 곳에 보급·수송하는 기능을 뜻한다. 고대에서 현대에 이르기까지 군사 활동에서 로지스틱스는 중요한 역할을 맡아 왔다. 19세기 후반부터 로지스틱스라는 용어가 경제 활동에도 쓰이게 되었다. 트럭과 철도로 대표되는 로지스틱스 분야의 첫 번째 혁신, '운송의 기계화'가 경제 활동에 큰 영향을 미친 결과라 할 수 있다.

로지스틱스 1.0: 철도와 트럭의 시대

예부터 아주 먼 곳에 대량의 화물을 운송하는 것은 선박이 주도했다. 말과 낙타를 이용한 육상에서의 운송은 많은 물품을 신속하게 운반하기 힘들기 때문이다. 그렇기에 광대한 대륙을 정복한 통치자는 배의 운항을 위한 물길, 운하를 정비하는 데 힘썼다. 운하는 경제 활동을 활발하게 하는 대동맥인 셈이었다.

19세기에 들어와 선박에 의존하던 상황에 큰 변화가 생겼다. 철도가 등장한 것이다. 영국의 기술자 리처드 트레비식 Richard Trevithick 이 발명한 증기 기관차는 땅 위에서의 운송 능력을 비약적으로 발전시켰다. 서구 국가들이 앞다퉈 철도망을 정비한 결과, 불과 백년 만에 총 철로 길이가 백만 킬로미터를 넘어섰다. 바다에서 멀리 떨어져 있는 내륙의 운송 기반이 운하에서 선로로 바뀌는, 일대 변혁이 일어난 것이다.

기차가 일상에 자리 잡으면서 배로 하는 운송도 변화하기 시작했다. 돛을 단 배와 달리 기상 상황에 좌우되지 않는 증기선이 등장하자 해상 운송은 보다 정확하게 시간을 맞출 수 있게 되었다. 철도와 증기선을 이용해 대량의 물자를 먼 곳까지 정확하고 효율적으로 운반할 수 있게 된 것이다. 그 동력원이 디젤 엔진과 전기 모터로 바뀐 지금도 철도와 선박은 여전히 대량 운송에서 핵심 위치를 차지한다.

'운송의 기계화'를 이루는 또 하나의 중요한 변화는 트럭이다. 처음에는 증기식이었던 트럭도 20세기가 되자 내연식 엔진으로 바뀌었고 사용 주체도 군수軍需에서 민수民需로 확대되었다. 거리에

도표 0-1 | 로지스틱스 혁신의 역사

로지스틱스 1.0 (20세기~)	로지스틱스 2.0 (1950-1960년대~)	로지스틱스 3.0 (1980-1990년대~)	로지스틱스 4.0 (현대~)
운송 기계화	**하역 자동화**	**관리·처리 시스템화**	**물류 장비산업화**
• 트럭과 철도에 의한 육상 운송의 고속화·대용량화 • 증기선·기계선이 보급되어 해상 운송이 확대	• 지게차 보급, 자동 창고 상용화 • 해상 운송의 컨테이너화에 따른 해상 일관 운송을 실현	• WMS와 TMS 등 물류 관리 시스템을 도입·활용 • NACCS 등에 따른 각종 절차 처리 자동화	• 창고 로봇, 자율주행 등이 보급되어 소인화 • 모든 공급망에서 물류 기능이 연결되어 표준화 달성

* **WMS:** Warehouse Management System, 창고 관리 시스템
TMS: Transportation Management Systems, 운송 관리 시스템
NACCS: Nippon Automated Cargo and Port Consolidated System, 일본의 수출입·항만 관련 정보 처리 시스템

는 마차가 자취를 감추고 수많은 트럭 운송 회사가 생겼다. 로지스틱스 분야에서 20세기는 대량 운송의 막을 연 시대라 할 수 있다.

로지스틱스 2.0: 지게차와 컨테이너의 시대

1950년대에 들어서 일어난 두 번째 혁신은 짐을 싣고 내리는, 하역荷役의 자동화다. 운송 기계화로 인해 많은 화물을 한 번에 운반할 수 있게 되었지만, 화물을 적재하거나 내리는 작업은 여전히 사람이 맡아야 했다. 지금은 상상할 수 없을 정도로 많은 인원과 시간이 투입되었다. 경제 성장을 달성하려면 경제의 혈맥이라고 불리는 로지스틱스가 강화되어야 하지만, 하역 작업이 발목을 잡았다.

제2차 세계 대전 중 병참을 지원하는 데 사용된 지게차는 전쟁이 끝나자 물류 현장에 보급되었다. 지게차로 짐을 옮길 때 필요한 나무 널판 하역 자재, 팰릿도 함께 보급됐다. 지게차를 이용하면 사람이 들어 올릴 수 없는 크고 무거운 화물을 효율적으로 옮길 수 있다. 트럭이나 창고 선반에 화물을 얹는 작업도 쉽게 할 수 있다. 크레인처럼 화물과 포크를 고정할 필요도 없다.

팰릿은 하역 작업의 효율성을 높이고 화물을 보관·운송할 때의 크기를 규격화하는 데 일조했다. 팰릿 단위로 화물을 관리하는 것이 점차 일반화되었기 때문이다. 지역과 업계에 따라 차이가 있지만 팰릿 자체의 크기에도 표준 규격이 적용되었고 이 자재를 공용으로 같이 사용함으로써 물류 효율이 향상되었다.

1960년대에 보급된 해상 컨테이너도 하역의 효율화에 크게 기여했다. 그전까지는 화물선에 적재하는 화물 형태가 규격화되지 않아 숙련된 작업자의 지시에 따라 제각각인 크기를 잘 조합하면서 쌓아야 했다. 해안가에 배를 대기 쉽게 설치한 구조 시설 안벽岸壁에 놓인 나무상자를 크레인에 매달아 선내에 쌓는 등의 모든 과정을 사람이 직접 해야 했고 위험한 공정도 적지 않았다. 팰릿에 쌓을 수 있을 크기의 나무상자를 하나씩 쌓아 올리는 식이었다. 비가 내리면 작업을 중단해야 했고 화물 1만 톤을 쌓기 위해 열흘씩 걸리는 일도 허다했다. 당시 화물선은 적재 작업에 많은 시간이 소요되었기 때문에 항만에 정박하는 시간이 해상에서 항해하는 시간보다 더 길었다.

반면 대형 해상 컨테이너는 길이 40피트(약 12.2미터), 폭 8피트(약 2.4미터), 높이 9피트 6인치(약 2.9미터)로 기존 나무상자 수십 개가 들어간다. 해상 컨테이너는 국제표준화기구ISO 규격을 따르기 때문에 레고 블록처럼 차곡차곡 쌓아 올릴 수 있다. 크레인을 조종하려면 숙련된 기술이 필요하지만 크기가 제각각인 나무상자를 조합하려고 머리를 굴릴 필요가 없어졌다. 항구에는 해상 컨테이너를 끌어 올릴 수 있는 거대한 갠트리 크레인 Gantry Crane(문형 기중기)이 가동

되어 비가 내리든 한밤중이든 상관없이 작업할 수 있게 되었다. 해상 컨테이너가 있으면 단지 몇 시간 만에 화물 1만 톤을 적재할 수 있다. 소요 시간은 10분의 1로, 필요 인력은 5분의 1로 감소했다.

해상 컨테이너를 이용하면 출발지에서 화물을 싣고 도착지에 도달할 때까지 컨테이너 단위로 화물이 운송되므로 트레일러에서 컨테이너선으로 갈아타기도 간편하다. 유럽과 북미 지역처럼 해상 컨테이너와 철도 컨테이너가 공용인 곳에서는 컨테이너선과 철도, 트레일러를 조합해서 바다와 육지를 넘나드는 해륙海陸 일관 운송을 할 수도 있다. 이에 따라 도난 또는 분실 위험도 많이 감소했다.

1960년대 후반에는 자동 창고가 일반화되었다. 지게차 등 자재 운반 장비Material Handling Equipment(하역 및 운반을 자동화하는 기계·시스템)를 병행해 입출고나 보관 등 창고 내부의 하역 작업을 자동화하는 것이다. 범용성이 낮고 도입 비용이 많이 들어서 보급되기까지 시일이 걸렸지만, 공장에 인접한 출고 센터를 중심으로 활용되었다.

로지스틱스 3.0: 관리의 시스템 시대

1970년대에 들어서자 세 번째 혁신인 관리 작업의 시스템화가 싹을 틔웠다. 하역 자동화는 물류 작업 자체를 대상으로 한 혁신이었기 때문에 화물과 기계를 관리하는 작업은 사람의 몫으로 남았다. 극단적으로 말하면 모든 일은 종이 서류와 장부로 관리되었다.

그러나 일부 대기업이 중심이 된 기간산업, 즉 전력·철강 등 국가 산업의 기초가 되는 이 거대 산업이 시스템화되면서 큰 변화를 초래했다.

창고 관리 시스템 WMS, Warehouse Management System은 재고 수량을 관리하기 위해 도입되었다. 재고 관리 장부를 대신하는 셈이다. 물류 회사 입장에서는 화주에게 보관료와 입출고료를 청구하는 시스템이라고 할 수 있다. 지금은 재고 수량뿐 아니라 입고·격납·출고· 검수·포장에 이르는 모든 작업 상황과 화물 위치를 통합적으로 관리하는 시스템으로 널리 활용된다.

같은 시기에 도입된 운송 관리 시스템 TMS, Transportation Management System은 트럭 배차 간격을 관리하는 시스템이다. 트럭 차량 수나 배차 장소뿐 아니라 운송되는 화물의 수량과 운송 장소 같은 정보를 기록할 수 있다. WMS를 보관료와 입출고료를 청구하는 시스템이라고 한다면 TMS는 운송료를 청구하는 시스템이라고 할 수 있다. 지금은 WMS와 마찬가지로 기능이 확장되어 배차 계획과 운행 상황 관리, 차량에 실린 짐의 비율과 총 주행 거리에서 실제로 화물을 싣고 운행한 거리 비율의 산출에도 쓰인다.

WMS와 TMS 이용은 1980년대 이후에 일반화되었다. 사무용 컴퓨터가 널리 보급되고 시스템 패키지로 도입 비용이 낮아졌기 때문이다. 시스템화에 대한 정도는 기업이나 업계에 따라 상당한 격차가 존재한다. 지금도 장부로 관리하는 사무소가 적지 않다. WMS와 TMS를 클라우드 서버에 올리는 방법도 거론되고 있다. 사내에 직접 서버를 구축하는 온프레미스On-premise로 전환하는 데 그치지 않고 이를 대체하는 잠재 시장이 발견될 가능성도 있다. 관리·처리 작업의 시스템화는 기업 내의 이와 관련한 업무만을 대상으로 삼지 않는다. 국제 간 운송에 관한 각종 절차가 이 무렵 전산화되었다.

일본에서는 1978년 수출입·항만 관련 정보 처리 시스템 NACCS 가동이 시작되었다. NACCS는 통관 및 관세 납부 등을 효율적으로 처리할 목적으로 구축된 행정기관, 수출입업자, 물류 회사, 해운·항공회사, 통관업자, 금융기관 등을 서로 연계하는 정보 처리 시스템이다. 시스템 도입 당시에는 나리타成田공항에 수입되는 항공 화물만 대상으로 했지만 1985년부터는 수출 화물도 취급하게 되었다. 점차 지역도 확대되어 나리타, 하네다羽田, 간사이関西, 후쿠오카福岡, 신치토세新千歳, 주부中部와 같은 주요 공항에 도입되었다. 1991년부터 해상 화물도 취급해 지금은 세관 수출입 수속의 약 99퍼센트가 NACCS로 처리된다.

그뿐 아니라 검역소와 방역소에 대한 동식물 검역 절차, 항구를 운영하는 최고 책임자인 항장港長과 입국 관리자에 대한 입출항 절차도 한 번에 처리할 수 있게 되었다. 또한 한국의 보건복지부, 여

성가족부, 고용노동부에 해당하는 일본의 국가행정조직인 후생노동성에 대한 식품 위생 절차도 신청하고 처리할 수 있는 기능을 확충했다. NACCS는 일본의 전자 행정 시대를 열고 수출입·항만 관련 절차를 원스톱화한 주인공이다.

로지스틱스 4.0: 물류의 첨단화 시대

이처럼 1970년대부터 관리의 시스템화가 진행된 다음, 지금 진행 중인 네 번째 혁신이 바로 로지스틱스 4.0이다. IoT, AI, 로보틱스라는 차세대 테크놀로지가 발달하고 활용 범위가 확대되면서 로지스틱스의 근간이 흔들리기 시작했다. 소인화와 표준화를 통해 물류 장비산업화가 일어나고 있다. 〈도표 0-2〉

소인화란 로지스틱스 각 영역에서 인간이 조작하고 판단해야 하는 과정이 대폭 줄어드는 것을 말한다. 예를 들어 자율주행이 상용화되면 운전자 없이 화물을 배달할 수 있다. 작은 택배는 드론으로 운반할 수 있을지도 모른다. 로봇 성능이 향상되면 창고 선반에서 화물을 꺼내거나 포장하는 작업은 인간의 업무가 아니게 될 것이다. 다시 말해 물류의 운용 주체가 인간에서 기계·시스템으로 전환되는 것이다. 기계나 시스템을 구입하면 누구나 같은 일을 할 수 있다. 그러면 사람 또는 회사가 어떻게 운용하는가에 따라 생기는 차이가 최소화된다.

표준화는 로지스틱스에 관한 다양한 기능과 정보가 연결되어 운송 경로나 수단을 유연하게 운용하는 것이다. 이를테면 표준화가 이루어지면 랙(선반)이나 창고를 여러 화주가 공유할 수 있다. 공

도표 0-2 | 로지스틱스 4.0에 따른 물류 장비산업화

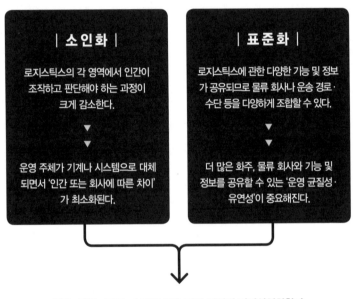

소인화	표준화
로지스틱스의 각 영역에서 인간이 조작하고 판단해야 하는 과정이 크게 감소한다.	로지스틱스에 관한 다양한 기능 및 정보가 공유되므로 물류 회사나 운송 경로·수단 등을 다양하게 조합할 수 있다.
▼	▼
운영 주체가 기계나 시스템으로 대체되면서 '인간 또는 회사에 따른 차이'가 최소화된다.	더 많은 화주, 물류 회사와 기능 및 정보를 공유할 수 있는 '운영 균질성·유연성'이 중요해진다.

운반·하역·포장·수배와 같은 기본 작업이 장비산업화한다.

하지만 신규 서비스 설계, 대면 소통, 예기치 못한 사태에 대처하기 등 장비산업화가 진행되기까지 시간이 필요한 영역도 있다.

급망의 상류에서 하류에 이르는 정보들이 연계되면 재고와 기회 손실을 최대한 줄일 수 있다. 다양한 선택지에서 최적 경로, 운송 수단을 선택하는 업무는 AI가 담당할 것이다. 물류 회사는 이런 기능과 정보 네트워크를 연결하는 일이 더 중요해진다. 연결되어 있지 않으면 선택받지 못하기 때문이다. 더 많은 화주와 물류 회사가 기능 및 정보를 공유할 수 있는 운용의 균질성과 유연성이 필요해질 것이다.

소인화와 표준화가 진행되면 물류 산업은 장비산업화될 것이다. 새로운 서비스를 설계하거나 대면 소통이 필요하거나 예기치 못한 사태에 대처하는 인간의 지혜가 필요한 영역도 계속 남겠지만, 운반·하역·포장·수배와 같은 기본 작업은 '인간이 거의 개입하지 않아도 되는 인프라적 기능'이 되기 때문이다.

로지스틱스 3.0까지는 특정 작업 과정을 대상으로 한 기계화, 자동화 그리고 시스템화가 이루어졌다. 그 결과 물류 작업이 편리해지고 기능이 증강되어 경제 성장에 이바지했다. 그러나 결국은 '인간이 그 작업을 해야 했으므로' 물류는 노동집약적 산업으로 존재했다.

로지스틱스 4.0도 물류를 더욱 편리하게 만드는 점은 같지만, 물류에 쓰이는 장비가 산업화된다는 측면에서 보면 기존의 노동집약적 비즈니스는 설 자리가 없어질 것이다. 현재 물류 회사의 비즈니스 모델로는 로지스틱스 4.0 시대에서 살아남을 수 없을지 모른다. 물류업계에서 과거에는 없었던 '파괴와 창조에 의한 비연속적 성장'이 현실로 나타나고 있다. 로지스틱스 4.0의 본질과 전망을 정확하게 이해하고 패러다임 전환을 기회로 받아들여 새로운 성장 모델을 만들어 내야 한다.

로지스틱스 4.0은
인더스트리 4.0과 어떤 관련이 있는가?

'∼4.0'이라고 하면 '인더스트리 4.0'이 잘 알려져 있다. 2011년 독일이 제창한 4차 산업혁명 '인더스트리 4.0'의 본질은 IoT를 활용한 산업 전반의 혁신이다. 3차 산업혁명까지는 기본적으로 혁신이 공장 내부에서 일어났지만, 4차 산업혁명은 사회 전체의 최적화를 꾀한다. 그러므로 조달부터 생산, 판매에 이르는 물품의 움직임을 지원하는 로지스틱스의 발전은 인더스트리 4.0을 달성하기 위해 꼭 필요하다. DHL과 독일 철도청 도이치반Deutsche Bahn 등 독일에 본거지를 둔 세계적 물류 회사가 로지스틱스 4.0을 전략적으로 추진하는 행보는 인더스트리 4.0의 실현을 주도하는 독일 정부의 산업 정책과 무관하지 않을 것이다. 인더스트리 4.0이 제조업뿐 아니라 판매와 소비까지 포함한 최적화로 개념을 확장하면서 로지스틱스의 역할이 점점 중요해지고 있다.

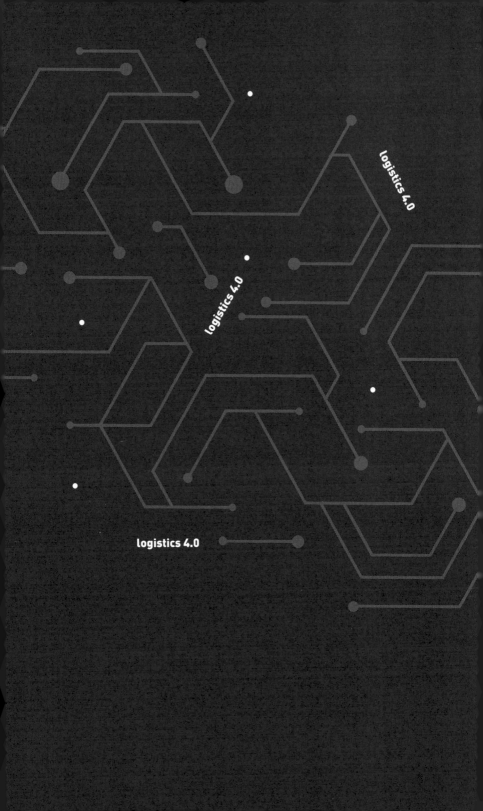

물류 이노베이션

logistics 4.0

Logistics 4.0

logistics 4.0

logistics 4.0

　자율주행 트럭, 드론, 창고 로봇 같은 미래 기술이 확산되면 물
류 분야에서 '사람 손에 의존하는 작업'은 사라질 것이다. 창고에서
화물을 내려 트럭과 배에 운반하고 그 물품을 소비자의 집에 배달
하는 작업뿐 아니라 납품처의 판매 상황에 따라 상품을 출고하고
수요 예측에 따라 재고 배치와 수량을 조절하며 도로 교통 상황에
따라 배송 경로를 변경하는 관리 업무도 기계와 시스템이 대행할
것이다. 언젠가는 로지스틱스의 전 자동화가 실현된다는 말이다.

　물론 그런 상황이 지금 당장 실현되지는 않는다. 그러나 소인화

도표 1-1 | 로지스틱스 4.0에 따른 소인화

소인화의 기반인 기계·시스템 (예시)

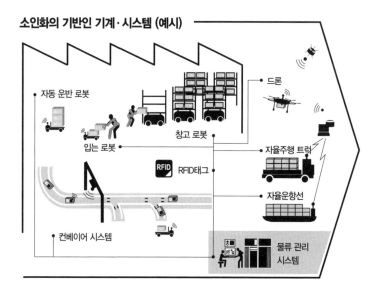

❶ ....
필요 인원수가 감소한다.

• 지금까지 인간이 맡아 온
  역할을 대체한다.

• 결과적으로 필요 인원수가
  줄어든다.

❷ ....
누구나 할 수 있게 된다.

• 경험·기능·체력을 보완
  한다.

• 결과적으로 더 저렴한
  노동력을 쓸 수 있다.

❸ ....
힘든 일이 없어진다.

• 육체노동이나 장기 노동이
  필요 없다.

• 결과적으로 사람을 쉽게
  채용할 수 있다.

는 서서히 확대되는 추세다. 최종 목표는 인간이 필요 없는 상황이지만 그 지점에 도달하려면 '필요 인력 감소' '누구나 할 수 있는 시스템 구축' '힘든 작업 제거' 등 과도기적 변화를 거쳐야 한다. 〈도표 1-1〉 중·장기에 걸쳐 이루어질 변화를 예측해서 전략적인 계획을 세워 그에 필요한 투자를 충분히 해야 한다.

새로운 로지스틱스

자율주행 트럭

로지스틱스 4.0에 따른 소인화 중에서도 가장 눈에 띄게 변화하는 작업은 트럭 운송이다. 일본의 경우 트럭 운송이 전체 운송의 90퍼센트 이상이고 운송 무게에 운송 거리를 곱해 화물 수송량을 나타내는 단위 톤킬로미터 기준으로도 50퍼센트를 넘는다. 〈도표 1-2〉 더구나 인건비가 높은 일본에서는 트럭 운송비의 절반이 운전기사 인건비다. 따라서 자율주행은 물류업계의 비용 구조에 엄청난 영향을 미칠 것이다.

세계 최대의 트럭 제조업체인 다임러Daimler AG는 2025년 상용화를 목표로 자율주행 트럭을 개발하고 있다. 2015년 공개된 자율주행 트럭인 프레이트라이너 인스피레이션 트럭Freightliner Inspiration

도표 1-2 | 일본의 운송기관별 분담률(2017년도)

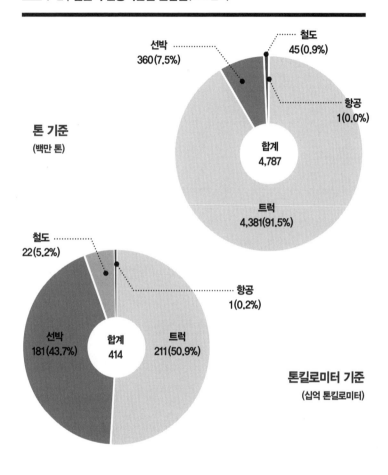

톤 기준
(백만 톤)

선박
360(7.5%)

철도
45(0.9%)

항공
1(0.0%)

합계
4,787

트럭
4,381(91.5%)

철도
22(5.2%)

항공
1(0.2%)

선박
181(43.7%)

합계
414

트럭
211(50.9%)

톤킬로미터 기준
(십억 톤킬로미터)

출처: 일본국토교통성 「자동차 운송 통계 조사」 「내항선박 운송 통계 조사」 「철도 운송 통계 조사」 「항공 운송 통계 조사」

Truck은 교통량이 많은 고속도로를 시속 80킬로미터로 자율주행할 수 있다. 북미 지역의 도로에서 시험 주행을 하고 있으며 언론 매체에도 공개된 바 있다.

자율주행 개발에 뛰어든 건 다임러만이 아니다. 스웨덴의 볼보 Volvo와 스카니아 Scania, 일본의 히노日野자동차와 이스즈 자동차도 자율주행 트럭 상용화를 목표로 기술 개발 중이다. 또 승용차 제조 업체뿐 아니라 테슬라 Tesla, 구글의 웨이모 Waymo와 같은 IT 업체도 자율주행 트럭을 시험 주행하고 있다.

자율주행이라고 하면 흔히 승용차를 떠올린다. 자율주행 기술이 실현되어 언제 어디서나 무인 택시를 잡아타는 사람들. 영화와 애니메이션에 나오는 미래 사회에 빠짐없이 등장하는 장면이다. 물론 자율주행 기술 활용 측면에서는 승용차가 앞서고 있다. 트럭보다 생산량이 많아 연구 개발 투자비를 회수하기 쉽기 때문이다. 트럭은 승용차보다 상대적으로 무겁고 화물 적재 상황에 따라 브레이크와 핸들 조작을 바꿔야 하므로 상용화를 위한 기술적 요구 수준이 높은 편이다.

그러나 경제적·사회적 가치를 고려하면 트럭의 자율주행화가 먼저 이루어질 것이라는 견해도 있다. 일본을 비롯한 많은 나라에서 자율주행의 '첫 번째 현장'인 고속도로 장거리 트럭 운전기사의 부족 현상이 심각한 사회 문제로 대두되었기 때문이다. 무인 자율주행 트럭 개발에서는 승용차처럼 승차감이 문제가 되지 않는다. 규제 완화가 관건이긴 하지만 경제적으로 옳은 선택이라면 자율주행 트럭은 순식간에 보급될 것이다.

물론 어느 날 갑자기 운전기사가 필요 없어지진 않을 것이다. 다임러의 프레이트라이너 인스퍼레이션 트럭도 길 위의 표지판이 부족하거나 악천후 상황에는 운전기사가 운전한다는 전제하에 고속도로에서의 부분 자율주행을 개발하고 있다. 완전 자율주행을 실현하려면 기술적 문제뿐 아니라 법률과 자동차 보험 제도를 재검토해야 한다.

하지만 고속도로에서의 부분 자율주행 또한 틀림없이 물류비용 구조에 상당한 영향을 끼칠 것이다. 장거리 트럭 운전기사를 '장시간 운전'이라는 중노동에서 해방시킬 수 있기 때문이다. 주행 중에 잠을 자거나 회사의 지시를 받거나 부업을 할 수 있게 된다. 특정 구간에서 '트럭을 타고 있기만 하면 되는' 운전 아르바이트가 늘어날 수도 있다. 결과적으로 트럭 운전기사의 인건비가 확실하게 감소할 것이다.

차량 간격이 제어된 여러 차량이 함께 달리는 군집주행은 물류비용 절감과 더불어 운전기사 부족 문제를 해결하는 데 이바지할 것이다. 일본에서는 2018년 1월부터 협조형 차간 거리 유지 제어 CACC, Coordinated Adaptive Cruise Control 기술을 활용한 트럭 군집주행의 시험 운행을 시작했다. 지금은 후속 유인有人 군집주행이지만 2020년부터 후속 무인無人 군집주행으로 옮겨 가고 2022년에는 사업화한다는 목표로 진행되고 있다.

군집주행은 완전 자율주행의 전 단계로 앞서가는 선도 차량에만 운전자가 탑승하고 나머지 트럭 2대는 운전자 없이 선도 차량을 뒤따르는 방식이다. 예정대로 계획이 진행되면 2022년 도쿄에서 346.8킬로미터 떨어진 고마키小牧 나들목을 잇는 도메이東名고속도로에서 트럭 몇 대가 팀을 이루어 무인 주행하는 모습을 보게될 것이다. 먼저 운전기사 A가 출발지에서 도쿄 인터체인지까지 트럭을 운전하고 온다. 그러면 운전기사 B가 도쿄 인터체인지부터 고마키 인터체인지까지 무인 군집주행 상태로 트럭을 운행한다. 운전기사 A는 이번에는 고마키 인터체인지부터 무인 군집주행한 트럭을 타고 목적지까지 운전하는 식의 새로운 근로 방식이 등장할 것이다. 도쿄 인터체인지나 고마키 인터체인지에는 무인 군집주행 트럭을 기다리는 운전기사를 위한 대기실이 마련되고 트럭과 운전기사를 연계하는 새로운 비즈니스가 나타날 것이다.

북미 지역도 군집주행 사업화에 착수했다. 처음부터 후속 무인 군집주행을 목표로 하는 일본과 달리 고속도로를 주행하는 도중에

선두 차량과 추적 차량을 연계하고 추적 차량의 운전기사는 운전하지 않는 방식을 채택했다. 여전히 사람이 타고 있으므로 인건비 절감 효과는 다소 떨어지겠지만 차간 거리가 짧아져 공기 저항이 줄어들면 연비가 약 5퍼센트 개선되는 효과가 나타날 것이다.

드론 택배

인력 부족은 장거리 트럭 운전기사만의 문제가 아니다. 전자상거래 EC, Electronic Commerce가 급속히 성장해 거래 물품이 대폭 증가한 택배업계에서는 인력 부족으로 인한 장시간 노동이 사회 문제로 떠올랐다. 특히 말단 물류 거점에서 소비자의 집까지 물품을 배달하는 라스트 원 마일 배송(기업에서 최종 사용자에게 서비스를 전달하기 위한 마지막 1마일이 가장 중요하다는 개념이다. '라스트 원 마일' 개념은 통신 분야에서 쓰이기 시작해 물류를 비롯한 산업 전반에 확대되었다 – 옮긴이) 분야는 차세대 혁신을 활용한 소인화를 당면 과제로 인식하고 있다. 지금 상용화되고 있는 드론도 문제 해결책 중 하나로 꼽힌다. 아마존은 고객이 주문한 상품을 30분 내에 배송한다는 목표로 드론 배송 시스템 아마존 프라임 에어 Amazon Prime Air 상용화를 위해 각국에서 시험 비행을 하고 있다. 드론의 신속한 움직임을 영상으로도 볼 수 있다.

세계 최대의 물류 기업인 DHL은 드론을 섬이나 산악 지대에 운송 수단으로 활용할 계획이다. 2013년 DHL은 자체 개발한 무인배송 드론 파셀콥터 Parcelcopter를 공개했는데 약 45분간 연속 비행이 가능하다. 파셀콥터는 2014년 북해 연안 독일령 위스트 Juist섬에 의료 물품을 공급하는 시험 비행에 성공했다. 2016년에는 수직이착륙 VTOL, Vertical Take Off & Landing 방식을 채택한 파셀콥터 3.0이 공개되었다. 초대 파셀콥터는 드론이라고 하면 일반적으로 떠올리는 4개의 회전 날개를 기체 주위에 배치한 쿼드콥터형이었다. 반면 파셀콥터 3.0은 수직이착륙이 가능한 고정 날개 형태이며 파셀콥터 2.0(최대 1.2킬로그램)보다 더 무거운 물체를(최대 2킬로그램) 신속하게 운송할 수 있다. 파셀콥터 3.0은 해발 1,200미터의 고산 지대에서 130회의 배송 시험 비행을 했다. DHL도 실증 실험 규모를 공개했고 언제든지 웹 사이트에서 동영상을 볼 수 있다.

드론 활용은 라스트 원 마일 분야에만 국한되지 않는다. 구내 운송이나 설비 검사 도구로 이용하는 기업도 있다. 이를테면 일본의 대형 플랜트 엔지니어링사 지요다千代田화공건설은 드론으로 자재 관리를 한다. 대형 플랜트 건설은 광대한 공간에 배치된 백만 점 이상의 자재를 관리하기 위해 300명 이상의 인원이 투입된다. 그런데 모든 자재에 RFID태그 Radio Frequency Identification Tag (반도체 칩이 내장된 태그, 라벨, 카드 등의 저장된 데이터를 무선 주파수를 이용하여 비접촉 방식으로 읽어 내는 인식 시스템)를 장착해 자율비행하는 드론으로 관리하면 그 인원수를 대폭 줄일 수 있다. 드론을 정기적으로 비행시키면 도난이나 분실 사태도 감소할 것이다. 드론과 RFID태그를 조달하고 장착하는 데 추가 비용이 들어가지만 인건비 절감 효과가 훨씬 크다. 인원이 많이 필요한 공정일수록 신기술 도입 효과가 두드러지는 전형적인 사례라 할 수 있다.

세계 최대의 소매점 체인인 월마트Walmart도 재고 관리에 드론을 활용한다. 월마트의 물류 센터는 백만 제곱미터를 넘는 규모를 자랑하며 지게차를 이용해야만 물품을 꺼낼 수 있는 높은 선반에도 상품이 쌓여 있다. 그러므로 모든 선반의 재고 상품을 수작업으로 확인하려면 2명이 작업할 경우 한 달이 소요되었다. 높은 곳에 올라가 작업해야 하므로 항상 사고 위험에 노출되어 있기도 했다.

그러나 드론을 활용하면 작업을 한 시간이면 끝낼 수 있다. 1초에 사진 30장 촬영이 가능한 카메라가 장착된 드론이 물류 센터를 자율비행하면서 정해진 장소에 없는 상품 또는 데이터와 실제 수량에 차이가 있는 상품을 찾아서 통보하기 때문이다. 당연히 직원이 높은 곳에 올라갈 필요도 없다. 월마트는 점포에서 드론을 활용하는 방안도 검토하고 있다. 점포 안에 있는 고객에게 원하는 상품을 드론으로 가져다주는 서비스다. 이 방안은 아직 구상 단계이지만 앞으로 월마트의 점포에서 드론이 날아다니는 모습을 보게 될 수도 있다.

자율주행 배달 로봇

라스트 원 마일 배송에 자율주행 배달 로봇을 활용하는 방식도 점점 구체화되고 있다. 영국의 로봇 개발 벤처기업, 스타십 테크놀로지Starship Technologies는 2014년 창업한 이래 세계 20개국 100개 이상의 도시에서 자율주행 배달 로봇인 스타십 로봇을 시험 운행 중이다. 자율주행 배달 로봇 상용화의 선두 주자라 할 수 있다.

스타십 로봇의 구조는 무척 단순하다. 모서리가 둥근 상자 모양의 차체에 바퀴 6개가 달렸다. 길이 약 70센티미터, 폭 약 55센티

스타십 테크놀로지의 스타십 로봇 | 출처: Reuters×Aflo

미터, 높이 약 55센티미터의 중대형 택배 상자 크기다. 최고 속도는 시속 6킬로미터, 인간의 보행 속도보다는 약간 빠르며 기본적으로 인도를 주행한다. 차체에 카메라·센서·제어 시스템·통신기기·배터리 등이 내장되어 사람이나 차가 접근하면 멈추거나 피할 수 있고, 신호등과 횡단보도도 정확히 식별한다. 배달 가능 거리는 약 5킬로미터로 목적지에 도착하면 주문자의 스마트폰에 연락을 한다. 그러면 주문자가 본체 윗부분의 뚜껑을 열고 물건을 꺼낸다. 스타십 로봇이 직접 물건을 놓고 올 수는 없기 때문에 주문자가 집에 있을 때 식료품을 배달한다.

스타십 테크놀로지뿐 아니라 세계 여러 기업이 자율주행 배달 로봇 상용화에 착수했다. 일본에는 로봇 벤처기업 ZMP사가 만든 캐리로가 2017년부터 시범 운영되고 있다. 드론처럼 추락해 사람이 다칠 위험이 비교적 적으므로 라스트 원 마일 배송 분야에서는 자율주행 배달 로봇이 드론보다 먼저 보급될 수도 있다.

원격 조종 무인 선박

운송 분야의 무인화는 해상이라고 예외가 아니다. 노르웨이의 하이테크 제조사 콩스베르그 그루펜Kongsberg Gruppen은 세계 최대 질소비료 기업인 야라 인터내셔널Yara International과 자율운항 선박을 공동 개발·상용화하겠다고 발표했다. 2019년에는 약 60킬로미터 거리인 라르비크Larvik 항만 루트를 무인 원격 조종 선박으로, 2020년에는 완전 무인 자율운항 선박으로 항해할 계획이다.

세계 유수의 엔진 제조업체 롤스로이스Rolls-Royce도 자율운항 선박을 실현하기 위한 로드맵을 발표했다. 2020년에는 근해近海 화물선의 무인 원격 조종을 선보이고, 2030년에는 같은 범위를 원양 화물선으로 확대하며, 2035년에는 무인 선박의 완전 자율운항을 목표로 한다. 로드맵을 발표한 뒤 2018년 7월 롤스로이스는 해양 사업을 콩스베르그 그루펜에 매각했다. 롤스로이스의 자율운항 로드맵은 콩스베르그 그루펜에 계승되었다고 볼 수 있다.

완전 무인 자율운항 선박은 한마디로 자율주행 트럭의 화물선 버전이다. 최종적으로는 선원이 필요 없다. 이전 버전인 무인 원격 조종 선박은 수많은 카메라와 센서를 부착한 화물선을 육상에서 원격 조종하는 방식이다. 무인 선박이긴 하지만 배를 조종하는 사람은 있어야 한다. 그렇다면 인건비 절감 효과는 없을까? 그렇지 않다.

현재 선원은 트럭 운전기사보다 훨씬 더 구하기 힘들다. 일본 해운업체의 외항 화물선은 대부분 필리핀을 비롯한 아시아계 외국인들로 근근이 버티고 있다. 그마저도 해상 운송량이 증대하면서 전 세계가 선원이 부족한 상황이다.

급여 수준이 일반 기업보다 높은 편인데도 선원 부족 문제에 시달리는 것은 '승선 중에는 집에 돌아갈 수 없다'는 부자유한 근무 형태 때문이다. 국제 항운은 서너 달 승선하는 경우가 태반이며, 항해 중에는 집에 우환이 있어도 귀국하지 못한다. 무인 원격 조종이 실현되면 '선원이 매일 집에 돌아갈 수 있다'는 대단히 큰 이점이 생긴다. 급여 수준을 올리지 않아도 선원을 확보하기 쉬워질 것이다.

또한 원격 조종이 가능해지면 상황에 따라 근무자 수를 유연하게 변경할 수 있다. 이를테면 악천후에는 원격 조종을 하는 선원 수를 늘렸다가 평상시에는 원래대로 줄이는 것이다. 입출항 시 수선인(특정 장소에서 배가 안전하게 운항할 수 있도록 이끄는 일종의 도선사를 가리킨다 ―옮긴이)이 탈 때 선원도 승선하게 하면 어떨까? 선박의 항해당 총 투입 공수(인원×투입 시간)가 상당히 절감될 것이다.

인건비 삭감 효과 외에도 몇 가지 이점이 있다. 첫째, 선원을 위한 거주 공간이 필요 없어진다. 그만큼을 화물 적재 공간으로 활용하면 화물 수송 능력이 향상된다. 둘째, 승선하는 선원이 없으면 해적의 습격을 받아도 인명 피해가 없다. 현대 해적은 보통 선원을 납치해서 몸값을 요구한다. 그러니 해적에게 습격당할 위험 자체가 줄어들 것이다.

자율운항 선박 상용화는 일본이나 EU 등 국가 차원에서도 검토가 필요하다. 특히 국제 해상 운송의 경우 국가 간 논의가 이루어져야 한다. 선박 보험 규정을 변경하고 선원 조합의 이해를 구하는 등 기술적인 면 외의 과제도 해결해야 할 것이다.

로봇과 물류

자동 창고의 활용법

물류 프로세스는 크게 물품을 '옮기는 공정'과 '싣는 공정'으로 나뉜다. 모든 물품은 어딘가에 보관되고 트럭이나 배와 같은 운송 수단에 적재된 뒤 목적지까지 배송된다. 보관·적재 공정에도 인력 부족이 심각해지고 있다. 1960년대 후반에 일반화된 자동 창고는 입고에서 보관과 출고에 이르는 일련의 과정을 자동화할 수 있다. 기계식 입체 주차장과 같은 구조로 전면에 있는 랙에 화물을 놓으면 랙이 통째로 자동 격납된다. 물론 반출도 자동이다. 대형 자동 창고를 도입하면 지게차로 닿을 수 없는 높은 곳도 보관 장소로 이용할 수 있다. 보관·하역 자동화와 공간 이용의 효율 극대화를 실현하는 획기적 혁신이었다. 하지만 자동 창고는 현재 부분적 용도로만 쓰인다. 자동 창고는 원리상 구조적인 난점이 있기 때문이다.

첫째, 입출고가 특정 장소에 한정되고 기계가 작업을 하므로 취

자동 창고 | 출처: 주식회사 다이후쿠

급량이 갑자기 증가하면 대처할 수 없다. 크리스마스 시즌에는 작업자를 늘리는 식으로 상황에 따라 유연하게 대응할 수 없다는 말이다.

둘째, 화물 크기가 변경되는 상황에도 대응할 수 없다. 랙에 올릴 수 없는 큰 화물은 격납할 수 없기 때문이다. 또 당초 예상보다 작은 화물을 격납하면 공간 이용 효율이 떨어진다. 기계식 입체 주차장에 덤프트럭을 주차할 수 없고 오토바이를 주차하면 남는 공간이 아까운 것과 같은 이치다.

셋째, 도입 비용 문제도 무시할 수 없다. 지게차나 고정 선반을 배치하는 일반 창고보다 훨씬 많은 설비 투자 비용이 든다. 따라서 그에 상응하는 이용 기간을 예측할 수 있어야 의사 결정이 가능하다.

이를테면 공장에 인접한 출고 센터는 자동 창고로 쓰기에 적합하다. 라인에서 생산되는 제품이면 입고량이 일정한 편일 것이다. 제품 크기가 크게 바뀌거나 공장이 갑자기 폐쇄되는 경우도 드물다. 수요가 안정적인 제품 또는 수요 변동을 물류 센터에서 흡수할 수 있는 제품이라면 당연히 자동 창고로 이용할 수 있다.

다시 말하면 다양한 화물을 취급하고 수급 변동이 심한 물류 센터는 자동 창고를 이용하는 데 적합하지 않다. 실제로 대다수 물류 센터는 입고에서 출고에 이르는 작업을 사람에게 의존한다. 전자 상거래(이커머스)나 점포 출고용 물류 센터는 소량 화물이 많고 그에 맞는 일손이 필요하므로 일반적으로 시간제나 아르바이트를 확보하기 쉬운 주택지 부근에 세워진다. 전자상거래 사업 성장에 따라 택배 화물이 증가한 반면 생산 연령 인구가 현저히 감소한 일본의 경우는 그야말로 '고양이 손이라도 빌리고 싶은 상황'이다.

창고 로봇이 이 상황을 해결할 단서가 될 수 있다. 창고 로봇은 자동 창고보다 범용성이 커서 입출고량의 변화에도 유연하게 대처할 수 있다.

아마존의 선반 로봇

아마존은 2012년 물류 로봇 개발사인 키바 시스템 Kiva Systems을 인수해(현재는 아마존 로보틱스Amazon Robotics) 출고 상품을 선반에서 꺼내 포장하는 곳까지 운반하는 출고 자동화를 추진 중이다. 아마존의 선반 운송형 로봇 키바Kiva(현재는 로봇 드라이브Drive)는 청소 로봇을 크게 만든 듯한 형태로 선반 아래에 들어가 선반을 들어 올려 출고 상품을 선반 통째로 운반할 수 있다.

아마존에서는 물류 직원 한 명이 하루에 20킬로미터 이상 걸어야 하는 노동 환경이 문제였다. 직원은 하루 종일 지정된 곳까지 상품을 꺼내러 가서 포장하는 곳까지 가져가는 작업을 반복해야 했다. 그러나 키바를 도입한 물류 센터에서는 키바가 선반째로 상품을 운반하므로 직원이 걸어 다니지 않아도 된다. 직원은 키바가 갖고 온 선반에서 원하는 상품을 꺼내 포장하기만 하면 된다. 〈도표 1-3〉

아마존은 지금까지 세계

아마존 로보틱스의 드라이브 | 출처: Bryan Anselm × Redux × Aflo

각국의 물류 센터에 총 10만 대의 로봇 드라이브를 도입해 노동 생산성을 높이는 데 성공했다. 일본에도 2016년 12월 드라이브가 도입되어 여러 물류 센터에서 운영되고 있다.

아마존은 선반에서 상품을 꺼낼 수 있는 피킹 로봇도 개발 중이다. 2015년부터 다양한 상품이 놓인 선반에서 특정 상품을 꺼내 상자에 넣거나 상자에서 특정 상품을 꺼내서 선반에 놓는 과정을 시연하는 로봇 경연 대회를 개최하고 있다. 2017년에는 아이치 현愛知懸 나고야 시名古屋市에서 개최되었고 일본의 다수 기업과 대학 들도 참가했다.

다양한 상품이 배치된 상황에서 특정 상품을 '선반에서 꺼내거나' '선반에 놓는' 작업은 인간이 훨씬 빠르고 정확하게 할 수 있으므로 당장 로봇으로 대체하기는 힘들다. 로봇 경연 대회에서는 가능해도 현장에 보급되려면 어느 정도 시간이 필요하다. 바로 그래서 아마존은 최첨단 기술을 신속하게 파악하기 위해 로봇 경연 대회를 주최하는 것이다. 자체 제품 개발뿐 아니라 타 업체의 로봇 개발도 전략적으로 이용하겠다는 아마존의 다면적 정책을 엿볼 수 있다.

아마존 드라이브는 아마존의 물류 센터에서만 사용되는 선반 운송형 로봇이다. 따라서 다른 업체의 물류 센터에는 도입할 수 없다. 그러나 여러 제조업체가 그와 유사한 선반 운송형 로봇을 제

도표 1-3 | 로봇 드라이브의 원리

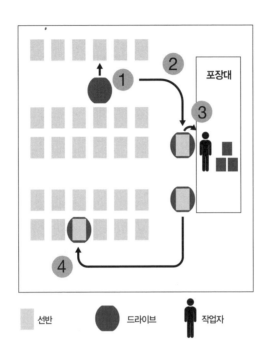

선반 　 드라이브 　 작업자

❶
드라이브
출고 상품이 놓인 선반 아래에 들어가 선반을 들어 올린다.

❷
드라이브
포장대까지 선반째로 상품을 운반한다.

❸
작업자
드라이브가 운반해 온 선반에서 지정 상품을 꺼낸다.

❹
드라이브
선반을 적절한 곳에 돌려놓는다.

조·판매하고 있다.

2018년 12월 말 현재, 일본의 제조업체 히타치日立제작소의 래
크루Racrew, 인도의 로봇 벤처기업 그레이오렌지GreyOrange의 버틀
러Butler, 중국의 로봇 벤처 긱플러스Geek+의 이브Eve가 세계 각지에
서 쓰이고 있다.

히타치제작소는 2014년부터 래크루를 판매하기 시작해 그룹사
인 히타치물류와 공구업체 모노타로의 물류 센터가 이 로봇을 도
입했다. 2015년 상품을 선반에서 꺼내어 포장대까지 운반하는 자
율 이동형 양팔 로봇을 공개하는 등 피킹 과정의 소인화를 향한 제
품 개발에 적극적으로 나서고 있다. 그레이오렌지의 버틀러는 인
도의 아마존이라 불리는 인도 최고의 전자상거래 기업인 플립카
트Flipkart와 홍콩의 대형 물류기업 케리Kerry 로지스틱스의 물류 센
터에서 이용되고 있다. 일본에는 가구 대형 소매점 니토리와 공장
용 부자재 도매상 트러스코나카야마Trusco中山가 도입했다. 긱플러
스의 이브는 중국에 있는 알리바바Alibaba Group의 물류 센터에서 약
1,000대가 가동되고 있으며 일본에는 풀필먼트 업체(온라인 쇼핑의 상
품 입고·보관에서 수주·포장·발송에 이르는 물류의 전 과정을 대행하는 사업체)인 아
카Acca 인터내셔널과 스포츠 용품 판매 체인점인 아르펜Alpen이 도
입했다.

선반 운송형 로봇 활용은 아직 걸음마 단계이다. 수만 대 규모

의 도입 실적이 있는 로봇은 아마존의 드라이브가 유일하다. 다른 로봇들은 도입 실적이 적기 때문에 운용 방법도 이제부터 확립해 나가야 한다. 또한 로봇 생산 라인을 구축할 정도의 수요가 없으므로 생산 비용을 절감하는 데 한계가 있다. 따라서 바닥 면적, 출고 빈도, 인력 등 일정 조건을 충족한 물류 센터가 아니면 투자 대비 효과를 기대할 수 없다. 앞으로 도입 대수가 증가하면 투자 대비 효과를 기대할 수 있는 범위가 확대되면서 널리 보급될 것이다.

인간과 협업하는 창고 로봇

선반 운송형과는 다른 관점에서 접근한 창고 로봇도 점차 상용화되고 있다. 인간과 함께 일한다는 전제하에 움직이는 협동 로봇은 그중 가장 주목받는 형태라 할 수 있다. 미국의 풀필먼트 업체 콰이어트Quiet 로지스틱스에서 분리 설립된 로커스Locus 로보틱스는 협동 로봇을 제작하는 벤처기업이다. 이 회사의 협동 로봇, 로커스봇은 아마존의 드라이브나 히타치의 래크루와 같은 운반형 로봇보다 작고 민첩하게 움직인다. 로커스봇은 해당 상품이 놓인 선반 앞에서 대기한다. 직원은 로커스봇의 화면에 표시된 상품을 선반에서 꺼내어 로커스봇이 운반해 온 상자에 넣는다. 작업자가 버튼을 누르면 로커스봇은 작업자에게 '다음에 갈 장소'를 전달한 뒤, 다음에 꺼내야 하는 상품이 놓인 선반 앞이나 포장대까지 이동한다. 작업자가 로커스봇에게 지시받은 곳에 가면 그곳에는 선반에서 상품을 꺼내기를 기다리는 다른 로커스봇이 있다.〈도표 1-4〉

선반 운송형 로봇과 달리 '작업자의 보행'이 완전히 없어지진 않지만 선반에서 선반으로 또는 선반에서 포장대로 협동 로봇이 장거리 이동을 하기 때문에 작업자는 상당수 줄어들 수 있다. 그 결과 선반 운송형 로봇만큼은 아니어도 노동 생산성이 크게 향상한다. 선반 운송형 로봇과의 결정적인 차이는 보관 선반을 비롯한 기존 창고 설비를 그대로 이용할 수 있다는 점이다. 선반 운송형 로봇처럼 로봇이 들어 올릴 수 있는 선반을 따로 마련할 필요가 없다. 그만큼 초기 투자 비용을 억제할 수 있다. 로봇을 단계적으로

로커스 로보틱스의 로커스봇 | 출처: Getty images

도표 1-4 | 로커스봇의 원리

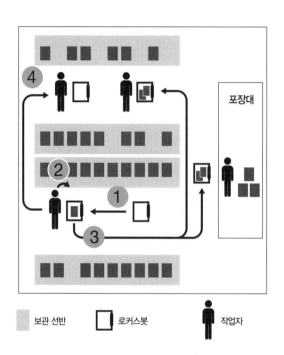

보관 선반   로커스봇   작업자

❶
로커스봇
출고 상품이 놓인 보관 선반 앞으로 이동·대기한다.

❷
작업자
로커스봇의 화면에 표시된 상품을 선반에서 꺼내, 로커스봇이 운반해 온 상자에 넣는다.

❸
로커스봇
작업자에게 '다음에 갈 장소'를 전달한 뒤 다음에 피킹할 상품이 있는 선반 앞이나 포장대까지 이동한다.

❹
작업자
로커스봇에게 지시받은 장소로 이동한다.

투입할 수 있는 것도 유리한 점이다. 협동 로봇의 경우 처음에 1대만 투입해서 지켜보다가 효과가 있으면 2대, 3대 순차적으로 투입할 수도 있다. 입출고량에 따라 로봇 투입 대수를 유연하게 조정하기도 수월한 편이다.

선반 운송형 로봇의 경우 로봇이 움직이는 영역을 명확하게 지정해야 한다. 그 영역에서는 사람이 개입하지 못한다. 선반을 움직이는 작업을 전부 로봇에게 맡기기 때문에 처음부터 필요한 로봇 수량을 갖춰야 한다. 로봇 한 대당 비용은 수천만 원 이상이고 수십 대 이상을 전제로 운용해야 하므로 십억 단위를 투자해야 한다. 선반 운송형 로봇이 들어 올릴 수 있는 전용 선반을 마련해야 하기 때문에 기존 물류 센터에는 도입하기 어렵다는 단점도 있다. 원래 놓여 있던 선반이나 화물을 일단 치워야 하기 때문이다. 이러한 어려움 때문에 선반 운송형 로봇은 일반적으로 물류 센터를 신설할 때나 이관할 때 도입된다.

협동 로봇의 최대 난점은 실전 경험이 선반 운송형 로봇보다 적다는 것이다. 로커스봇이 도입된 물류 센터는 10여 개사 정도이고, 그중 대부분은 모회사 콰이어트 로지스틱스다. 선반 운송형처럼 특정 영역의 작업을 전부 로봇에게 맡기지 않으므로 거점당 도입 대수는 상대적으로 적고 누계 도입 실적은 수백 대 정도로 예상된다.

로커스 로보틱스 외에도 식스리버6 River 시스템, 페치Fetch 로보틱스와 같은 로봇 스타트업, 중국의 대형 로봇 제조업체인 HRG HIT 로봇 그룹, 2015년 로봇 제조업체인 아뎁트Adept 테크놀로지를 매수한 대형 전기기기 업체인 오므론 등도 협동 로봇을 개발·제조하고 있다. 그러나 이들은 아직 물류 센터 도입 실적 면에서 로커스 로보틱스에 미치지 못한다. 아마존의 드라이브처럼 풍부한 실전 경험을 배경으로 운영 확립에 성공한 제품은 없다.

또한 선반 운송형과 달리 협동 로봇은 각사마다 운용 방식이 다르다. 식스리버 시스템, 페치 로보틱스, 오므론의 협동 로봇은 로커스봇과 다른 방식으로 작업자를 지원한다. 그러므로 투자 대비 효과를 선반 운송형 로봇보다 산출하기 어려운 측면이 있다.

무인 지게차의 사업성

지게차는 차 앞쪽에 포크 모양의 양탑기를 화물 아래쪽에 밀어 넣고 화물을 들어 올려 운반하는 하역 차량이다. 선반 운송형 로봇을 '화물을 보관 선반 통째로 운반하는 로봇'이라고 정의한다면 지게차는 '화물을 팰릿 통째로 운반하는 차량'이라고 할 수 있다. 현재 대다수의 지게차는 오퍼레이터라 불리는 작업자가 조종하는데, 무인으로 바뀌면 선반 운송형 로봇과 같은 기능성을 갖게 될 것이다.

실제로 대형 지게차 제조업체 도요타豊田 자동직기와 미쓰비시三菱 로지스넥스트는 무인 지게차를 이미 시장에 출시했다. 그러나 선반 운송형 로봇이나 협동 로봇보다 훨씬 몸체가 크고 높은 안전성을 요구하기 때문에 운전자가 조종하는 유인 지게차 수준의 효율을 내기 어려운 상황이다. 가격 면에서도 유인 지게차보다 비싸다. 그러므로 반도체 제조 공장이나 특정한 균을 이용한 식물 공장처럼 사람의 출입을 금지하는 시설, 냉동·냉장 창고와 금속 가공 공장처럼 노동 환경이 열악해서 인력난에 시달리는 곳에서는 투자 대비 효과를 낼 수 있겠지만 일반적인 물류 센터에서는 거의 이용되지 않는다. 그렇지만 무인 지게차의 성능은 하루가 다르게 향상하고 있다. 노동력 부족 문제가 날이 갈수록 심각해지면서 창고 로봇을 활용하는 곳이 꾸준히 증가하는 것으로 보아 무인 지게차의 상용 범위도 머지않아 점차 확대될 것이다.

화물을 인식하는 로봇

창고 로봇과 무인 지게차는 주로 출고 작업(피킹 프로세스)을 대상으로 하는데, 그 밖의 작업에서도 물류 기계·시스템을 이용하는 경우가 늘어나고 있다. 화물을 팰릿 위에 적재하는 팰리타이저 Palletizer, 이와 반대로 팰릿 위에 있는 화물을 내리는 디팰리타이저, 정해진 경로로 화물을 운반하는 컨베이어, 화물을 종류와 발송처에 따라 분류하는 분류기Sorter, 상자 포장이나 완충재를 삽입하는 자동 포장기 등 특정 공정을 대상으로 한 다양한 기계·시스템이 존재한다. 상당수는 전부터 있었지만 이미지 인식 기술 향상과 AI 가 발달하면서, 크기와 형상이 다른 화물을 폭넓게 취급할 수 있게 되어 상용 범위가 확대되었다.

리쓰메이칸立命館대학이 만든 로봇 스타트업 교토 로보틱스는 팰리타이저, 디팰리타이저, 피킹 로봇 등의 동작을 최적으로 제어하는 시스템을 개발하고 제공한다. 최대 장점은 화물 크기나 형상, 배치, 자세 등을 자사가 개발한 삼차원 비전 센서로 정확하고 신속하게 인식할 수 있다는 점이다. 다시 말해 로봇에 '눈'과 '뇌'를 제공해 사전에 화물의 형상에 관한 삼차원 CAD 모델을 준비하거나 프로그래밍으로 동작을 규정하는 작업을 하지 않고도 다양한 화물을 취급할 수 있다. 삼차원 이미지 인식의 정밀도와 처리 속도를 높이는 것이 새로 도입된 물류 설비의 범용성을 높이는 데 핵심적으로 필요한 기술이라 할 수 있다.

사람의 업무를 대체하는 것이 아니라 '사람의 업무를 지원하는 기계·시스템'을 활용하는 경우도 늘어났다. 그중에는 보관 선반에 설치된 디지털 표시 장비에 꺼내야 할 화물의 정보를 표시해 작업 효율을 높이는 디지털 피킹 시스템, 핸디 단말기로 바코드를 스캔해서 화물의 현재 정보와 작업자 업무 상황을 추적할 수 있는 핸디

터미널 시스템 등 이전부터 있던 것도 있다. 그와 더불어 인체에 장착된 구동기기Actuator가 사용자의 근육 움직임을 도와 중노동을 할 때 부하를 줄여 주는 강화복Powered Exoskeleton, 무선 헤드셋을 통해 작업자에게 음성으로 지시하거나 작업 완료 보고를 받는 웨어러블 시스템 등 선진 기술을 활용한 기계·시스템의 상용화도 발전하고 있다.

쓰쿠바대학이 만든 벤처기업 도그Doog는 사람이나 카트를 자동 추종하는 운반 로봇 사우저Thouzer를 개발·제공한다. 화물을 얹은 사우저가 자동으로 따라다니므로 작업자 한 명이 전보다 많은 화물을 운반할 수 있다. 선반 운송형 로봇이나 협동 로봇처럼 운반해야 하는 화물이나 경로를 자율적으로 판단할 수는 없지만 구조가 단순해 판매 가격이 비교적 낮기 때문에 투자 대비 효과를 내기 쉽다. 사업자로서는 '사람의 업무를 지원하는 시스템'을 도입할지 '사람이 필요하지 않은 시스템'으로 전환하여 체제 자체를 바꿀지, 중·장기적 사업 운영을 고려하며 전략적으로 투자해야 할 것이다.

물류 솔루션 업체의 가치

창고 로봇을 비롯한 최첨단 물류 시스템은 지게차처럼 일반인에게 잘 알려지지 않았다. 물류 센터의 작업자 대다수는 창고 로봇을 한 번도 본 적이 없을 것이다. 그러니 창고 로봇의 도입이나 운용에 관한 경험이 있는 사람은 극소수이다. 협동 로봇처럼 업체에 따라 운용 방법이 달라서 운용 방식이 확립되어 있지 않은 시스템도 적지 않다. 그러므로 첨단 시스템의 도입과 운용을 지원하는 물류 시스템 통합업체 System Integrator의 역할이 대단히 중요하다.

일본의 벤처기업, 그라운드 GROUND는 첨단 기술을 활용해 물류 솔루션을 제공한다. 그레이오렌지의 선반 운송형 로봇, HRG의 협동 로봇 등 창고 로봇 도입에 관해 풍부한 실적을 갖고 있을 뿐 아니라 로봇을 도입한 물류 센터 운용 방식을 최적화하는 프로그램도 제공한다. 무진 MUJIN은 모션플래닝 motion planning AI를 탑재한 지능 로봇 컨트롤러를 개발·제공한다. 무진는 중국의 대기업 전자상거래 사업자 징동상청 京東商城, JD.com이 상하이에 개설한 대형 물류 센터의 완전 자동화를 지원하는 등 피스피킹 Piece Picking 로봇이 중심인 운용 설계에서 통합 운용, 사후 지원에 이르는 종합 시스템을 제공하는 물류 솔루션 서비스를 펼치고 있다.

물류 센터 위탁 운영 서비스를 제공하는 팔 PAL은 투자 회사 선 캐피탈매니지먼트 Sun Capital Management Corp.와 공동으로 창고 로봇에 투자하는 로지텍펀드를 설립했다. 로지텍펀드는 창고 로봇을 선정하고 업무 설계 및 운용을 대행한다. 그뿐 아니라 물류 회사 대신 로봇을 구입해 해당 회사에 이용료를 받기도 한다. 물류 회사로서는 창고 로봇의 선정 및 도입뿐 아니라 투자 대비 효과가 있는지 판단하는 업무도 로지텍펀드에 맡길 수 있어서 편하다.

창고 로봇을 개발하는 수많은 벤처기업이 설립되고 있는 것처럼 물류 시스템 통합업체의 역할을 맡는 회사도 꾸준히 증가하고 있다. 최첨단 물류 시스템을 도입하려는 물류 회사, 반대로 물류 회사에 물류 시스템을 판매하고자 하는 제조업체는 물류 시스템 통합업체를 잘 활용하는 것이 중요하다.

물류 센터에 산업용 로봇을 도입할 수는 없을까?

산업용 로봇은 사람 대신 제품을 조립하거나 가공·용접·도장 작업을 한다. 제품 품질에 영향을 미치고 대체로 중·장기적으로 사용하기 때문에 상당한 비용을 들여 설비 투자를 하기 마련이다. 반면 물류 센터에는 제품 품질과 직접 관련된 작업이 없다. 공장과 달리 취급 제품 종류가 많고 제품 구성이 단기간에 크게 바뀔 수도 있다. 미래를 정확히 예측할 수 없으니 장기 투자 회수를 상정해 가격을 설정하기도 어렵다. 현재 적지 않은 로봇 제조업체가 물류 센터를 대상으로 신제품을 개발하고 있지만 산업용 로봇과는 다른 비즈니스 모델을 세워야 한다는 점을 잊지 말아야 한다.

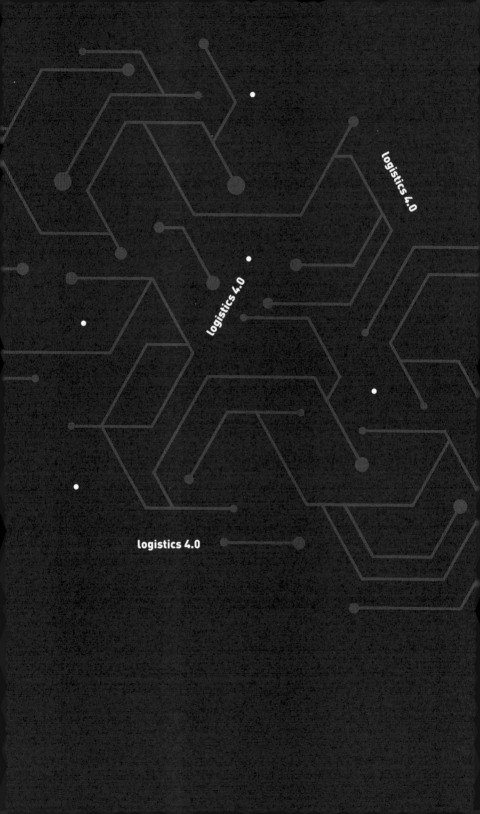

PART2

새로운 비즈니스의 탄생

logistics 4.0

logistics 4.0

logistics 4.0

logistics 4.0

사물인터넷IoT은 로지스틱스에 관한 모든 기능과 정보를 폭넓게
연결해 준다. 조직과 개인이 가지고 있는 물류에 관한 정보가 가시
화되어 타자와 공유하게 된다. 물류판 공유 경제(제품과 서비스를 공동 이
용하는 구조)라고 할 수 있는 새로운 비즈니스가 싹트고 있으며 대체
로 세 가지 방향으로 나뉜다.〈도표 2-1〉

첫째, 생산에서 판매·소비에 이르는 공급망 전체가 수직적으로
이어진다. 어디에 제품이 얼마나 있는지 실시간으로 파악할 수 있
어 과잉 재고와 거점 간의 불필요한 운송 작업을 줄일 수 있다. 판

매와 소비를 정확히 추적할 수 있게 되면 재고가 없는 결품 사태는 방지되고 신제품 개발에도 활용할 수 있을 것이다.

둘째, 기업과 업계의 벽을 허물고 기능과 정보가 수평적으로 공유된다. 트럭이나 물류 센터와 같은 리소스가 많은 기업과 개인에게 공유되면 물류 효율성이 크게 향상된다. 트럭의 필요 수량이 감소해 총 주행 거리가 단축되면 환경에도 좋을 것이다.

마지막으로 셋째, 물류라는 영역을 초월해 기능과 정보가 공유될 것이다. 교통 정보나 기상 예보 등을 활용하면 운송의 정시성定時性이 단연 향상될 것이다. 재해 정보와 연결되면 물류 사업 지속성도 강화된다.

소인화를 '사람의 업무를 기계와 시스템으로 대체하는 혁신'이라고 해석한다면 표준화는 '사람의 업무를 기계와 시스템에 대체할 때 필요한 리소스를 공유 경제로 최소화하는 혁신'이라고 할 수 있다.

생산과 구매의 연결

차세대 공급망 플랫폼

공급망의 전체상像을 살펴볼 때, 수직 통합에 따른 표준화는 조

도표 2-1 | 로지스틱스 4.0이 이루어내는 표준화

표준화의 방향성

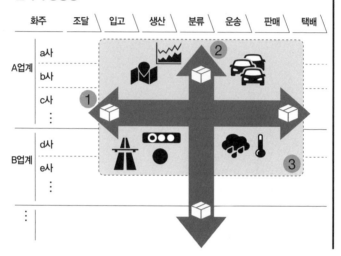

| 화주 | 조달 | 입고 | 생산 | 분류 | 운송 | 판매 | 택배 |

A업계: a사, b사, c사 …

B업계: d사, e사 …

❶

수직 통합에 따른 표준화

- 조달·생산에서 판매·소비에 이르는 물류의 기능·정보가 연결된다.
- 공급망 전체가 통합된다.

❷

수평 통합에 따른 표준화

- 기업의 담장을 넘어 물류의 기능·정보가 공유된다.
- 화주와 물류 리소스가 폭넓게 매칭된다.

❸

물류 범위를 넘어선 표준화

- 교통, 기상, 재해 등 물류와 직접 관련이 없는 다양한 기능·정보와도 연결된다.
- 로지스틱스 범위를 넘어선 플랫폼이 형성된다.

달·생산과 같은 상위 과정에서 먼저 진행된다. 상대적으로 관여 주체가 적고 거래 관계가 고정적이므로 로지스틱스에 관한 다양한 기능과 정보를 연결하기 쉽기 때문이다.

독일의 대기업 지멘스 Siemens는 마인드스피어 MindSphere라는 운영 체제를 제공한다. 마인드스피어는 기계나 부품을 만드는 공작 기계에 관한 다양한 데이터를 모아서 생산성 개선과 보완점을 분석하는 개방형 사물인터넷이다. 이 시스템을 이용하면 생산에 필요한 가동 시간 단축, 제조 공정 개선, 기계나 시스템을 운용할 수 없는 시간을 뜻하는 다운타임 방지 등 공작 기계의 성능을 향상할 수 있다. 또 여러 공장 간에 정보를 공유하고 납품처의 설비 가동에 따른 생산량 변경, 출고 시점 등을 조정하면 과잉 생산이 개선되어 공급망을 효율화할 수 있다. 독일을 비롯한 유럽 제조업체뿐 아니라 미국과 일본 제조업체에서도 사용되고 있다. 조달·생산 최적화를 실현하는 차세대 플랫폼 서비스의 일례라 할 수 있다.

독일의 대형 자동차 부품 제조업체인 보쉬 Bosch는 생산·물류에 관한 정보를 조달처 공급업체나 납품처인 자동차 제조업체와 공유하는 버추얼 트래킹 Virtual tracking을 개발·도입했다. 조달처·납품처와의 물류에서 사용하는 컨테이너와 팰릿에 RFID태그를 부착하여 입출고 시의 데이터 자동 관리와 재고 관리 적정화에 활용한다. 제조 중인 물품 재고와 공장 간의 운송 상황도 실시간으로 공유되며 수급 변동에 따른 생산·물류 계획을 탄력적으로 수정할 수 있다.

지멘스와 보쉬의 행보는 도요타가 만든 저스트 인 타임 just in time(적기 공급 생산 방식. 재고를 0으로 하여 재고 비용을 최소화하기 위해 재료가 제조 라인에 투입될 때에 맞추어 필요한 만큼만 부품업체에서 공급받는다 ─ 옮긴이) 생산 방식에 디지털 기술을 활용하여 달성하려는 것이다. 이런 측면만 보면 새로운 가치 창출이라고 할 수는 없지만, IoT 발달에 따라 현장에 노동력을 투입하지 않아도 세계 유수의 기업만큼 효율적인 공급망

도표 2-2 | 글로벌 기업의 수직적 표준화

조달·생산 프로세스	유통·판매 프로세스	공급망 전체
지멘스 · 공작기계 생산성 향상과 다운 타임 방지를 지원하는 개방형 IoT 운영 체제를 제공	**가오** · 수요 예측을 중심으로 한 공급 망 관리로 재고·결품을 최소화 하고 물류·유통 비용을 절감	**자라** · 기획·개발·배송을 초단기화 하여 할인 판매를 최소화함 · 스마트 탈의실과 순회 로봇을 활용해 고객 데이터 수집·활용
보쉬 · 조달처 및 납품처와 입출고· 재공품 재고 등의 정보를 실시 간으로 공유함으로써 생산·물 류를 탄력화	**아마존** · 예측 발송 시스템으로 당일 배 송 범위를 확대 · 스마트 스피커와 무인 편의점 을 활용하여 사용자 정보를 수 집·활용	**고마쓰** · 생산 설비 가동을 가시화하여 생산성을 향상하고 리드 타임 을 단축 · 기계 가동 관리 시스템으로 영 업 활동을 효율화하고 판매 후 부품 로지스틱스를 최적화함

출처: 각사 발표 자료를 근거로 작성

을 구축할 수 있게 되었다. 일본계 기업의 경우 현장력을 강점으로 저스트 인 타임을 이루었지만 이제 그 격차를 단번에 메울 수 있는 기술이 보급되었다. 이 잠재 위협을 고려해 새로운 경쟁 전략을 구축해야 할 것이다.

아마존이 바꾼 소비 프로세스

수직 통합에 따른 표준화는 유통·판매 이후 과정에서도 일어난다. 일본의 대표적인 생활용품 기업 가오花王는 20여 년 전부터 수요 예측을 통해 공급망 최적화를 추진했다. 품목별·납품처별로 축적된 일일 판매 실적을 근거로 미래 수요를 예측하고 판매 계획과 생산 계획을 작성한다. 담당자의 의도가 개입되지 않고 품목별·납품처별로 수요 특성과 계절 변동, 가격 탄력성, 상담 정보에 근거해 과학적으로 예측함으로써 상품이 남거나 모자라는 재고·결품 문제를 최소화하고 물류·유통 비용 절감을 달성했다. 지금은 신상품이 출시된 지 일주일 뒤부터는 기존 상품과 비슷한 수준으로 정확하게 수요를 예측할 수 있다.

품목별·납품처별 판매 분석 데이터는 판매 사업자에게 상품 배치 방법과 판촉 활동을 제안할 때도 활용된다. 과거의 활동과 판매 실적을 비교 분석하면 매출 확대에 효과적인 제안을 과학적으로 도출할 수 있기 때문이다. 가오는 1966년 판매사를 설립한 이후,

판매 사업자에게 직접 상품을 판매·공급하는 독자적 거래 관계를 구축해 왔다. 그 관계성으로 얻을 수 있는 품목별·납품처별 판매 데이터를 매출과 비용 면에 최대한 활용하는 사례다.

아마존은 구입 실적과 열람 이력 등을 근거로 사용자에게 상품을 추천하는 기능을 제공하는데, 이 데이터를 공급망 최적화에도 활용할 계획이다. 영토가 좁고 사용자 밀집도가 높은 나라에는 오전에 주문한 상품을 당일에 도착하게 할 수 있으므로 잘 팔리는 상품을 중심으로 재고를 어느 정도 확보해서 주문에 대처하면 된다.

그러나 미국에서 그런 서비스를 제공하려면 재고 거점을 크게 늘려야 한다. 아마존은 이 문제에 대응하기 위해 구입과 열람 이력뿐 아니라 장바구니 저장 상품, 취소와 반품 이력, 상품 페이지에서의 마우스 커서의 움직임, 계절과 요일에 따른 변동을 바탕으로 다음 날 주문 수량을 예측하여 주문을 받기 전에 출고한다는 '예측 발송 시스템'을 운용하기 시작했다. 재고 거점에서 출고된 상품은 각지에 분포된 통과형 분류 거점으로 운반된다. 그러는 동안 받은 주문에 따라 배송 처리가 설정되면 분류 거점에서 지역별 택배 트럭에 상품을 싣는다. 결과적으로 아마존은 재고 거점을 늘리지 않고도 당일 배송 범위를 확대하는 데 성공했다.

아마존은 사용자 정보를 마케팅에도 적극 활용한다. 아마존 에코Echo는 인공지능 알렉사Alexa를 탑재한 스마트 스피커다. 음악뿐아니라 메시지 발송, 일기 예보 확인, 레스토랑 검색, 가전제품 조작, 아마존 사이트 쇼핑 등 다양한 기능을 제공하는데, 사용자 정보를 입수하는 단말기라는 측면도 있다. 아마존 에코가 설치되어 있으면 음성 정보와 등록 데이터를 통해 주소, 가족 구성, 집에 있는 가전제품, 좋아하는 음악과 음식, 평소 자주 보는 TV 프로그램, 최근에 오른 이야깃거리 등 다양한 사용자 정보를 입수할 수 있기 때문이다.

아마존 에코가 보급되면, 주거 환경이나 가족 구성에 따른 전략적 판촉 활동, 상품과 서비스를 결합한 판매, TV 앞에 있는 시청자 속성에 따른 광고 방송도 가능할 것이다. 그렇게 생각하면 아마존 에코는 소비자가 집에서 하는 행동을 가시화하여 마케팅에 활용할 수 있는 수요망 관리형 플랫폼 시스템으로도 해석할 수 있다.

2018년 1호점이 문을 연 무인 편의점 아마존 고Amazon Go도 점원이 없다는 데 초점을 맞추면 진면목을 볼 수 없다. 아마존 고는 가게 내에 센서를 설치해 계산대에 멈춰 서서 계산하지 않도록 만들었다. 하지만 그 최대 가치는 고객의 정보를 속속들이 수집할 수 있다는 것이다. 상품을 산 사람, 그 사람과 함께 온 사람, 차림새, 집어 들었다가 사지 않은 상품 등 기존의 바코드 인식 POS시스템으로는 알 수 없었던 정보를 수집할 수 있다. 이 데이터를 활용하면 소비자의 눈에 띄기 쉬운 상품 구성, 대상 소비자에게만 초점을 맞춘 개별 판촉 활동, 구매 편의성을 높이고 구매 의욕을 자극하는 점포 레이아웃 등을 과학적 분석을 통해 실현할 수 있다. 제조업체나 소매점 입장에서 아마존 고는 점원이 필요 없는 점포인 동시에 상품을 오프라인에서 더 잘 판매하는 도구인 셈이다.

한편 소비자 입장에서 아마존 고는 구매 프로세스를 완전히 바꿔 놓았다. 선반에 진열된 상품을 장바구니에 넣기만 하면 '점심시간에 계산대에 줄이 길어서 힘들고' '계산이 늦어져서 짜증나는' 일이 없어지기 때문이다.

중국에는 빙고박스 Bingo Box와 웰 고 Well Go와 같은 셀프 계산형 무인 편의점이 이미 상당수 존재한다. 일본의 편의점 업계에도 셀프 계산대 도입이 진행되고 있다. 그러나 셀프 계산형 무인 편의점은 점원이 하던 계산 업무를 고객에게 떠맡기는 방법일 뿐이므로, 투자 대비 효과는 인건비 절감에 그친다. 반면 아마존 고는 제조업체와 소매점 체인, 소비자에게 지금까지 없었던 '구매 동태 데이터'와 '쇼핑 경험'을 제공하는 플랫폼 시스템이다. 인건비 절감 효과 외의 가치도 제공하므로 투자 대비 효과를 쉽게 얻을 수 있다. 그렇게 생각하면 수직 통합에 따른 표준화를 추진할 때는 비용뿐 아니라 가치 창출이라는 측면이 핵심이 될 것이다.

자라ZARA의 재고 소진 전략

생산에서 판매·소비에 이르는 과정을 단번에 수직 통합적 방식으로 최적화하려는 기업도 있다. 바로 스페인에 본사를 둔, 패션 업체 자라ZARA를 운영하는 인디텍스Inditex의 사례다. 상품 생산 시작부터 완성까지 걸리는 시간, 즉 리드타임Lead Time을 최소화해서 공급망 전체의 최적화와 경쟁 우위를 구축하는 데 성공한 선발 주자라 할 수 있다.

일반적인 의류업계는 상품 기획에서 점포 판매에 이르기까지 반년 이상이 걸린다. 이를테면 여름철 상품은 가을 초부터 이듬해 상품을 기획하고 검토한다. 그리고 여름 상품을 판매하기 전에 시즌 예산의 절반 정도를 점포 재고를 확보하는 데 사용한다. 트렌드를 정확하게 예측하면 모든 상품을 정가로 판매하여 수익을 얻겠지만 현실적으로는 어려운 일이다. 정가 판매 상품 비율이 50퍼센트 이하인 업체도 적지 않다.

그런데 자라는 불과 2주 만에 상품 기획에서 판매를 끝낸다. 스페인에 있는 본사에 수백 명의 디자이너, 마케터, 바이어를 두고 연 5만 점 이상의 신상품을 개발한다. 디자인이 결정되면 옷감 재단, 재봉을 열흘 정도에 완성하고 일단 본사 주변의 물류 센터에 모아 놓은 다음, 각 점포에 주 2회 빈도로 출고한다. 유럽 지역 점포에는 육상으로 운송하지만 그 밖의 지역에는 항공으로 운송하므로 기본

적으로 48시간 이내, 길어도 72시간 이내에 도착한다. 자라는 엄청나게 짧은 리드타임으로 시즌 전의 점포 재고를 예산의 20퍼센트 정도로 억제할 수 있다. 시즌이 시작된 후, 트렌드에 적합한 신상품을 적시에 기획하고 점포에 투입하면 되기 때문이다. 항공 운송을 하면 물류비용이 좀 비싸게 들긴 한다. 그러나 재고 소진을 위한 할인 정책을 최소한으로 억제하여 85퍼센트 이상의 정가 판매율을 달성함으로써 영업 이익률 15퍼센트 이상이라는 업계 굴지의 고수익을 달성했다.

자라는 고객의 수요를 정확하게 파악하는 분야에도 적극적으로 투자한다. 이를테면 더 입어 볼 옷을 터치스크린 화면에서 확인하고 주문할 수 있는 터치패널을 구비한 스마트 시착실을 일부 점포에 시험 도입하고 있다. 가장 처음 갖고 온 옷의 바코드를 스캔하면 화면상에서 색깔이나 사이즈가 다른 옷을 볼 수 있고 다른 옷을 검색해서 점원에게 받을 수도 있다. 고객이 보기에는 점원을 부르거나 다른 옷은 무엇이 있는지 일일이 묻지 않아도 되는 '쾌적한 쇼핑을 위한 도구'라 할 수 있다. 한편 자라에게는 POS시스템으로는 파악하지 못하는 '한 번 입어 봤지만 구입하지 않은 상품'이 무엇인지 파악할 수 있는 정보 수집 도구인 셈이다. '시착률이 높지만 팔리지 않는 상품'은 막상 입어 보면 어딘가 불편해서일 수도 있다. 또는 거울에 비친 자신의 모습과 옷걸이에 걸려 있던 상품의 실루

엣과 차이가 큰 상품일 수도 있다. 고객 데이터와 연계하면 반드시 입어 보고 나서 구입하는 사람, 입어 보지 않고 구입하는 사람의 유형도 알 수 있다. 시착된 옷과 고객 속성의 관계도 연결할 수 있다.

자라는 가게 안을 돌아다니며 각 상품이 놓인 위치나 수량을 센서로 확인하고 고객을 안내하는 로봇 도입도 검토 중이다. 첫 번째 목적은 점원의 작업 공정(인원×작업 시간) 축소이지만 장기적으로는 고객의 정보를 파악하는 도구가 될 것이다. 이미지 인식 기술과 AI가 발전하면 '어떤 사람이 가게에 왔는지' '어떤 복장이었는지' '어떤 사람과 함께 왔는지' '어떤 상품을 보았는지' '어떤 상품을 집어 들었는지' '결과적으로 무엇을 샀는지'와 같은 고객의 속성과 상품 구입에 이르는 의사 결정 과정을 파악할 수 있기 때문이다.

자라가 고객의 수요와 행동을 정확하게 파악하게 되면 기획과 생산에서 판매에 이르는 공급망 전체가 효율화되고 상품 기획의 정확도가 향상해 그 결과 정가 판매율이 높아질 것이다. 수직 통합 연계를 강화하여 경쟁력을 높이는 사례라 할 수 있다.

대형 건설 기계 제조사 고마쓰는 '연계화'를 콘셉트로 조달·생산에서 판매, 사후 서비스 제공에 이르는 전 과정의 공급망 최적화를 꾀하고 있다. 조달·생산 측면에서는 공작 기계, 용접 로봇, 열처리 장치 등 생산 설비 가동 정보를 IoT를 통해 가동률과 생산량 같은 성능의 차이를 파악해서 생산성 향상, 리드타임 단축, 다운타임 절감을 달성한다. 자사뿐 아니라 협력사의 생산 설비와도 연계해 생산과 운송에 관한 저스트 인 타임의 정확성을 강화한다.

판매와 유지·보수 측면에서는 2001년부터 컴트랙스Komtrax를 활용해 효율적이고 효과적인 영업 활동과 판매 후 부품 로지스틱스 재고와 기회손실을 최소화한다. 컴트랙스는 고마쓰의 기계 가동 관리 시스템으로 어떤 지역에서 과거에 판매한 건설 기계 가동 상황을 개별적으로 파악할 수 있다. 일종의 건설 기계 표준 장비인 셈이다. 이를테면 건설 기계 가동률이 높으면 토목·건축 공사가 증가한다고 판단하여 판촉 활동에 영업 리소스를 많이 투입할 수도 있다. 과거에 판매한 건설 기계의 누계 가동 시간을 알 수 있으면 '적절한 시기에 오버홀Overhaul(기계 점검 및 정비)을 고객에게 제안한다' '판매 후 부품 수요를 정확하게 예측하여 재고량을 유연하게 변동하는' 것도 가능하다. 현장에서의 쓰임새를 알면 현장의 생산성을 높이는 기기를 사용하도록 제안하거나 현장에서의 쓰임새에 적합한 새로운 건설 기계를 개발할 수도 있다.

자라와 고마쓰는 자사의 공급망을 수직적으로 통합해서 경쟁력을 강화하고 수익을 확대했다. 앞으로는 지멘스의 마인드스피어나 아마존 에코처럼 광범위한 사용자를 대상으로 한 플랫폼 서비스를 개발하는 업체도 증가할 것이다. 직접 플랫폼 서비스를 개발해서 새로운 수익 기회를 얻는 것도 좋지만 타사의 플랫폼을 능동적으로 활용해 독자적 공급망을 구축해서 기존 사업의 우위성을 강화하는 것도 효과적인 전략이다.

사물인터넷 플랫폼

물류를 공유하는 기업들

공동 물류는 여러 기업이 물류 기능을 수평적으로 공유하는 것이다. 여러 기업의 화물을 취급해서 화물량을 늘리고 물류 효율성을 높인다. 다양한 기업이 이 방식을 운용하며 크게 두 가지 특성을 보인다.

첫째, 단순히 화물량이 적은 지역이나 경로에서 타사와 함께 화물을 보관·운송하는 것이다. 아지노모토味の素, 가고메, 닛신日淸오일리오그룹, 닛신후즈, 하우스식품그룹 이 5개 기업은 일본 내 물류 전체의 공유를 표방하며 홋카이도北海道와 규슈九州 지역에서 공동 배송을 실시하고 있다. 두 지역은 판매량이 적으므로 공동 배송의 이점이 크기 때문이다. 아사히맥주, 기린맥주, 삿포로맥주, 산토리맥주 이 맥주 제조업체 4사도 홋카이도를 비롯한 일부 지역에서 공동 물류를 실시한다. 아스테라스제약, 다케다武田약품, 다케다

테바파머, 다케다테바약품 이 의약품 제조업체 4사는 홋카이도에 공동 물류 센터를 세웠다. 세계 여러 곳에서도 동일한 움직임이 보이며 아프리카나 중동 같은 취급량이 저조한 지역에서는 일본계 자동차 제조업체도 경쟁사와 공동 물류를 실시한다.

둘째, 올 때와 갈 때의 화물량, 계절과 시간대 등에 따라 취급 화물량의 격차가 큰 지역·경로에 공동 물류를 실시하자는 생각이다. 예를 들어 스미토모住友화학과 도요보東洋紡는 지바千葉·사이타마埼玉와 후쿠이福井 간의 공동 물류를 실시한다. 스미토모화학은 지바에서 후쿠이까지만 운송하고 도요보는 후쿠이에서 사이타마까지만 운송하므로 서로 돌아가는 길의 비어 있는 공간을 이용해 물류 효율화를 꾀하는 것이다. 오쓰카大塚제약과 산요식품도 공동 물류를 실시한다. 오쓰카제약의 주력 상품인 청량음료는 여름에 가장 많이 판매되고 무게가 나가는 반면, 산요식품의 주력 상품인 즉석 누들은 겨울에 잘 팔리고 무게가 가벼운 편이다. 계절 변동성을 보완하고 용적·중량에 제한이 있는 배송 트럭을 효율적으로 활용하는 방법이다. 아사히朝日신문과 배달 통합 사이트인 데마에칸出前館을 운영하는 꿈의 거리 창조위원회夢の街創造委員会는 신문 배달을 하지 않는 점심과 저녁 시간대에 신문 배달원이 데마에칸에서 주문받은 음식을 배달하는 방식으로 시간대별 가동 격차를 이용한 물류 서비스를 시작했다.

타사에 물류 업무를 위탁함으로써 결과적으로 공동 물류가 실현되기도 한다. 이를테면 도쿄납품대행東京納品代行은 의류를 백화점으로 납품하는 물류 서비스를 의류업체에 제공한다. 도쿄납품대행을 이용하는 의류업체로서는 백화점 운송 공동화를 하는 셈이다. 식품 도매업체나 의약품 도매업체는 슈퍼마켓이나 약국에 배송되는 상품의 공동 물류 서비스를 제공하는 사업자로 해석할 수도 있다.

즉 공동 물류는 수평 통합으로 효율화를 이루는 예전부터 있었던 비즈니스 방식이라고 할 수 있지만 특정 기업 간의 고정적 관계가 전제이기 때문에 갑작스러운 수요 증가나 취급량 급감에는 적절히 대응하지 못한다. '누가' '어디에서 어디로' '어떤 화물을' '어느 정도 보내는지' 각사의 물류에 관한 정보는 공개되지 않으므로 '공동 물류를 하고는 싶지만 누구와 해야 할지 모르겠다'는 상황이 적지 않다. 각 지역과 경로에 따라 물류 현황을 투명하게 파악한 뒤에 수평 통합 가능성을 검토할 수 있는 상황이 아니라는 말이다. IoT를 활용한 매칭 비즈니스 성장은 이 상황을 크게 바꿔 놓을 것이다.

트럭 플랫폼 동향

과거 일본에는 운송을 마치고 돌아가는 트럭의 화물을 확보하려는 운송 회사(구화求貨)와 자신의 화물을 운반해 주길 바라는 화주 혹은 원청 회사(구차求車)를 연결하는 중개업체(미즈야水屋)가 수천 개가 넘었다. 이를테면 도쿄에서 도쿄의 동북쪽에 위치한 센다이仙台까지 화물을 운반하고 돌아가는 길에 실을 화물이 없을 때, 운송 회사는 중개업체에 센다이에서 도쿄까지 운반하는 화물 중개를 요청한다. 반대로 센다이에서 도쿄까지 단발성 편도로 화물을 운반하고 싶은 화주나 원청 회사는 중개업체에 운송 회사 중개를 요청한다. 중개업체는 전화만 있으면 할 수 있는 일이므로 상당수가 개인 사업자였다.

1990년대 말부터 2000년에 사이의 (일본의) IT 거품 시대에 수많은 사업자가 중개 사업에 뛰어들었다. 운송 회사와 화주·원청회사를 연결하는 전자상거래 시장(e마켓 플레이스)을 제공하고 기존 중개업체를 대체하려 했다. 대기업과 벤처캐피탈이 앞다투어 출자하기도 했고 사회적으로도 주목을 받았지만 안타깝게도 대부분은 충분한 수익이 나지 않아 시장에서 퇴출당했다.

e마켓 플레이스에서 물류의 공급자와 수요자를 연결하는 구화구차求貨求車 시스템이 기능하지 못한 이유는 크게 두 가지다. 하나는 e마켓 플레이스의 접근성이다. 당시에는 전화나 팩스로 소통했으므로 대형 화주나 원청 회사라면 모를까 중소 운송 회사로서는 인터넷에 접속하는 것 자체가 걸림돌이었다. 또 하나는 화물을 매

칭하는 방식이 복잡했다. 매칭 시 필요한 정보는 출발지와 도착지, 운송료만이 아니다. 화물 종류와 크기, 트럭의 최대 적재량, 짐받이 형태·설비, 출발지에 가지러 가는 시간이나 도착지에 배달해야 하는 시간도 알아야 한다. 중소 운송 회사가 많았으니 회사 신용도와 화물 취급 품질도 고려해야 한다. 게다가 냉동·냉장 기능이나 위험물 취급 면허가 필요한 특수 화물도 있다. 적절한 매칭을 위해서는 이 모든 조건을 충족한 상대를 찾아야 한다. 당시의 e마켓 플레이스의 매칭 기능으로는 이렇게 복잡한 조건에 맞출 수 없었다.

그렇다고 해서 개인 사업자를 중심으로 한 중개업계 구조가 그대로 유지된 것은 아니다. 사람과 IT를 조합한 구화구차 시스템을 구축해서 규모의 경제를 실현한 업체가 나타났다. 일반 물류 회사이면서 중개 사업에 진출한 트랜컴은 고객과의 소통과 복잡한 조건을 파악하여 매칭하는 작업을 어드저스터 Adjustor라는 직원에게 맡기고 매칭이 아직 성립되지 않은 조건이나 거래처 정보 등을 컴퓨터 화면으로 확인할 수 있는 시스템을 구축했다. 운송 회사와 화주·원청회사 들은 기존 방식대로 전화만 하면 되므로 트랜컴의 구화구차 서비스를 이용할 때 어려움이 없었다. 이로써 매칭 성공률이 높아졌다. 개인 중개업자와는 비교도 안 될 만큼 많은 건수를 취급하게 되어 운송 회사와 화주·원청 회사가 원하는 조건을 충족하기 쉬워졌기 때문이다.

지금은 트랜컴을 비롯한 구화구차 시스템이 보급되어 일반 중개업체가 크게 감소했다. 구화구차는 사람과 IT를 연계함으로써 다른 곳보다 앞서 장비산업화가 진행된 업계라 할 수 있다.

요즘 IT 거품기에는 실패했던 e마켓 플레이스 형식으로 구화구차 매칭에 도전하는 기업이 늘었다. 다이와大和하우스, 소니 Sony, 니혼유세이日本郵政, 아스쿠르 등 대기업의 출자를 받는 하코부Hacobu, 인쇄·광고 공유 플랫폼 서비스를 제공하는 라크루스가 사업화한 하코베루, 경화물운송 출신인 CB클라우드 등이 대표 주자이다. IT 거품기와 달리 스마트폰이 보급됐고 매칭 엔진인 AI가 발달했으므로 과거의 실패를 극복할 수 있는 좋은 기회일 수도 있다. 대상 화물과 지역, 운송 조건 등을 제한해서 매칭 작업을 단순하게 만들어 사업화에 걸림돌이 되지 않게 하는 것도 중요하다.

동남아시아에서도 전자상거래 시장 형식의 구화구차 시스템이 도시 지역에 보급되고 있다. 예컨대 홍콩발 구화구차 시스템인 라라무브Lalamove는 2013년 창설된 이후, 급속도로 성장하여 현재 중국·타이완·태국·필리핀·베트남·싱가포르에 서비스를 제공한다. 우버Uber의 승차 공유 서비스와 비슷한 방식으로, 화주는 앱에서 출발지와 도착지, 출발 시각, 배송차량 종류 등을 지정하기만 하면 된다. 운전기사는 앱에 표시된 목록 중 원하는 주문을 선택한다. 매칭이 성립되면 화주와 운전기사는 직접 대화하면서 화물의 상세 내역과 적재 방식 등의 제반 사항을 확인한다.

라라무브는 이케아IKEA나 버거킹과 같은 체인점에도 물건을 배송해 사업 기반인 거점 창고를 확보하는 데 성공했다. 또한 가전·가구 배송과 이사 서비스로 시작해 점차 사업 영역을 확장했다. 여러 나라에서 우버로 대표되는 승차 공유 서비스가 택시를 대체하는 존재로 이미 일반화된 점을 생각하면, 라라무브를 비롯한 구화구차 매칭 서비스 이용이 앞으로 폭발적으로 확대될 가능성도 있다.

국가에 따라서 화물 취급이나 정시성에 대한 인식에 큰 차이가 있다. 운송 사업을 시작할 때 필요한 인허가 조건도 다르다. 우버와 같이 승차 공유 서비스가 특정 국가에서만 활성화되지 못할 수도 있다. 그래도 수평 통합에 따른 표준화 방향성을 생각할 때 보급기에 들어선 구화구차 매칭 서비스의 동향은 주목할 가치가 있다.

혁신적인 식료품 배달

물류에서의 매칭 대상은 트럭만이 아니다. 미국 스타트업인 인스타카트Instacart는 '장 보는 일을 다른 사람이 해 주길 원하는 소비자'와 '비어 있는 시간을 활용해 일하고 싶은 일반인'과 '식료품 배달 서비스를 제공하고자 하는 슈퍼마켓'을 매칭하는 서비스를 제공한다. 배달 서비스 우버이츠Uber Eats도 '배달 서비스를 이용하고 싶은 소비자'와 '빈 시간에 일하고 싶은 일반인'과 '음식을 배달해 주길 원하는 레스토랑'을 매칭하는 서비스로, 양자는 비즈니스 콘셉트가 매우 비슷하다. 둘 다 빈 시간에 일하고 싶은 일반인을 활용해 배달 비용을 절감한다. 자동차 운전기사와 차를 타고 이동하고 싶은 사용자를 매칭해 이동 비용을 절감한 승차 공유 서비스와 같은 관점이다.

2016년 일본에서 창업한 소코Souco는 '일시적으로 창고를 이용하려는 업체'와 '빈 공간이 있는 창고 보유자'를 매칭하는 서비스를 제공한다. 구화구차 시스템과 같은 구화구(창)고 시스템이라고 할 수 있다. 매칭 서비스로 이 시스템이 보급되면 반품이나 리콜에 따른 재고 급증, 이벤트 실시로 인한 일시적 화물 보관 등에 대응할 수 있을 것이다.

AI 데이터베이스의 힘

포워더Forwarder 분야에도 차세대 매칭 비즈니스가 등장했다. 포워더란 화주 대신 선박, 항공, 철도, 트럭 등 운송 수단을 확보하고 보관이나 통관 같은 업무를 대행하는 사업자를 말한다. 여행을 예로 든다면 여행자 대신 비행기와 열차표를 수배하고 호텔 예약 및 비자 신청을 대행하는 여행사 같은 존재라 할 수 있다. 여행 분야에서 익스피디아Expedia, 라쿠텐楽天트래블 등 온라인 예약 사이트와

내비타임을 비롯한 길찾기 서비스가 등장하면서 여행 대리점의 사업 환경이 변한 것과 같은 상황이 포워더 분야에도 벌어지고 있다.

샌프란시스코의 물류 스타트업인 플렉스포트 Flexport는 해운·항공사, 운송 회사, 창고 회사, 통관업자 등의 위탁 조건을 인덱스로 만들어 데이터베이스를 구축해서 출발지와 도착지, 화물 종류, 리드타임, 비용 등의 조건을 제공하면 AI가 최적 운송 경로, 수단, 사업자를 선별하여 매칭 서비스를 제공한다. 전화, 팩스, 이메일 등을 주고받을 필요가 없는 온라인 시스템도 갖추어져 있다. 각 사업자의 업무 시스템과 연동되어 화주는 화면상으로 화물의 현재 위치와 통관 처리 상황을 실시간으로 확인할 수 있다.

다시 말해 플렉스포트는 포워더가 제공하는 기능을 전부 디지털화했다. 그리고 포워더가 수많은 인원을 투입해서 대응하는 매칭과 소통 프로세스를 무인화함으로써 강력한 비용 경쟁력을 확보하려는 것이다.

그러나 현재 플렉스포트를 이용하는 화주는 그리 많지 않다. 많은 사업자가 데이터베이스에 등록되지 않아서 가능한 운송 경로와 수단이 한정적이기 때문이다. 플렉스포트 보급의 가장 큰 걸림돌은 플렉스포트의 온라인 시스템에 접속해야 한다는 점이다. 기존 포워딩 업체와의 소통에 익숙한 화주로서는 아무리 시스템이 뛰어나고 저비용이어도 지금까지 하던 방식과 체제를 변경하기는 번거로울 것이다.

그렇지만 해외 출장을 갈 때 여행사를 통하지 않고 직접 항공권이나 호텔을 수배하는 경우가 꽤 있다는 점을 생각하면 플렉스포트를 비롯한 '디지털 포워더'의 잠재적 사업 기회가 상당히 크다고 봐야 한다. 플렉스포트에 출자한 유명 벤처캐피탈들은 그 점을 기대했을 것이다. 플렉스포트가 디지털 포워더로서 '사실상 표준De facto standard'의 위치를 확보할 수 있을지는 아직 명확하지 않다. 그러나 기존 포워더에게 디지털 포워더의 등장은 간과할 수 없는 위협이다. 일본의 개인 중개업자들이 구화구차 시스템이 보급됨에 따라 눈에 띄게 감소했다는 사실을 기억해야 할 것이다.

DHL의 과감한 도전

DHL은 다양한 물류 회사의 데이터 시스템과 접속하여 통합 관리하는 로지스틱스 관리 시스템을 개발하고 있다. 이 시스템이 완성되면 화주는 개별적으로 각 물류 회사의 데이터 시스템에 접속하지 않아도 된다. 화주로서는 새로운 물류 회사와 거래를 시작하거나 위탁처인 물류 회사를 변경하는 것도 간단히 할 수 있는 포털 시스템이다. 〈도표 2-3〉

DHL이 통합 관리 시스템을 완성하면 DHL을 이용하는 화주가 물류 업무 위탁처를 DHL에서 타사로 변경할 수도 있다. 세계 최대의 물류 회사 DHL은 타사보다 광범위한 고객 기반을 보유하고 있다. 이 파괴적 솔루션은 경쟁 환경에 혼란을 일으켜 경쟁사를 유리하게 만들 수도 있다. 그런데 왜 DHL은 자사의 비즈니스를 파괴할 수도 있는 이 시스템을 개발할까? 물론 화주에게 전환 비용-Switching Cost(어떤 제품을 경쟁사의 다른 제품으로 전환하는 데 드는 비용. 일단 특정 상품을 소비하고 있으면 추후에 경쟁 상품으로 전환하거나 소비를 중단하기 어려운 경우를 두고 소비자 전환 비용이 높다고 말한다 — 옮긴이) 절감이라는 가치를 제공하려는 의도도 있을 것이다. 그러나 그보다는 누군가가 DHL보다 먼저 이 시스템을 구축해 사실상의 표준이라는 지위를 얻는 상황을 막으려는 의도일 것이다. 그렇게 되면 시스템이 디지털 방식으로 물류 서비스를 선택하게 될 것이고, DHL은 사업 규모를 기반으로 한 경쟁 우위를 잃을 가능성이 있기 때문이다.

오해를 무릅쓰고 말하자면 DHL이 개발하려는 이 관리 시스템은 물류업계의 윈도우-Windows와 같다. 윈도우 운영 체제가 보급되자 사용자는 '윈도우가 탑재된 PC'면 어떤 제조사의 컴퓨터든 상관없이 사용할 수 있게 되었다. 다른 제조사의 컴퓨터로 바꾸어도 처음부터 다시 사용법을 익히거나 데이터 포맷을 바꾸지 않아도 되는 것이다. 결과적으로 컴퓨터는 일상용품이 되었고 가치의 원천은 윈도우를 대표로 한 운영 체제로 이동했다. 결국 세계 최대의 컴퓨터 제조사였던 IBM은 장래성이 없다고 판단해 컴퓨터 사업을

도표 2-3 | DHL의 로지스틱스 시스템

현재	로지스틱스 관리 시스템 상용화 후
물류업무 위탁처를 물류 회사 A에서 B로 변경하려면, B의 데이터 시스템과 접속하는 시스템을 변경해야 함	DHL의 로지스틱스 관리 시스템을 도입하면 위탁처를 변경하기 위해 시스템을 변경할 필요가 없음

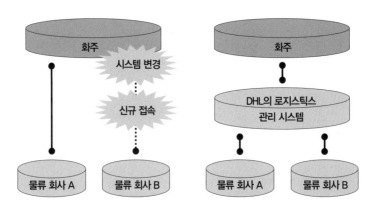

출처: DHL의 회사 발표 자료를 근거로 작성

매각하게 된다.

DHL은 아마 IBM의 전철을 밟지 않으려는 게 아닐까? 그래서 세계 최대의 물류 회사이면서 과감한 도전을 하는 것이다. 로지스틱스 4.0은 물류 사업 환경에 비연속적 변화를 준다. 차세대 플랫폼이 될 시스템을 구축한 기업은 사실상의 표준이라는 위치를 선점하여 막대한 수익을 얻게 되지만, 시스템에 선택받는 존재로 전락하면 수익력을 상실한다. 그런 사업 환경에서는 '위험을 감수하지 않는 것 자체가 위험'이다.

물류를 초월한 연결

관리 시스템의 진화

WMS(창고 관리 시스템)이나 TMS(운송 관리 시스템)과 같은 물류 관리 시스템은 물류와 직접적으로 관계가 없는 다양한 기능과 정보를 집어넣음으로써 진화를 거듭했다. 예컨대 초기 WMS는 창고 내 재고 수량을 데이터로 축적하여 화주에게 보관료와 입출고료를 청구하는 게 전부인 시스템이었다. 지금은 입고에서 격납·출고·검수·포장에 이르는 작업 상황과 화물 배치까지 전부 관리할 수 있다. 최첨단 WMS 중에는 과거의 출고 실적과 생산·판매계획, 허용 결품률 등을 근거로 적정 표준 재고량과 발주량을 산출하는 제품도 있다.

TMS도 원래는 운송 실적을 데이터로 축적해 화주에게 운송료를 청구하는 시스템이었지만 지금은 각 화물의 출발지와 도착지의 장소, 용적·중량, 납품시각 등을 사전에 입력해서 필요 트럭 수량과 최적 운송 경로를 자동으로 산출한다. 도로 정체를 예측하여 경로를 최적화하고 도착 예정 시각을 통보하며 에코드라이브(운전 습관 개선 등을 통해 연료 소비와 온실가스 배출 등을 감축하는 것을 말한다. 에코드라이브를 하면 같은 연료의 양으로 더 많은 거리를 운행할 수 있고 교통사고 위험을 낮출 수 있다 - 옮긴이)를 지원하는 기능이 있는 제품도 있다. 화물 취급과 직접 관련이 없는 교통 정보 등의 데이터를 적용하여 운송 전체 최적화를 추구할 수 있게 되었다.

일본 최대 항공 측량 회사 파스코는 TMS를 기반으로 물류 솔루션 서비스를 제공한다. 최대 장점은 기상 예보를 활용하여 재해 발생 시 운송에 미치는 영향을 최소화할 수 있다는 점이다. 파스코는 과거 기상 재해가 도로교통 등 운송 인프라에 미친 영향을 데이터베이스화해서 시간당 강수량과 강설량, 적설량, 풍속·풍향 등을 근거로 통행금지 실시, 산사태, 내수 범람 위험성 등을 6시간 뒤까지 정확하게 예측한다. 이를테면 평소의 운송 경로를 사용할 수 없다고 예측되면, 시스템 화면에 알람이 표시되고 출고시각을 앞당

기거나 우회로를 사용하고 또는 다른 운송 수단을 선택해 화물 정시 도착성을 높일 수 있다.

후지쯔의 공급망 리스크 관리 서비스 SCR키퍼SCRKeeper는 조달처인 공급자의 공장 소재지, 생산 품목 등의 정보를 미리 등록해서 지진을 비롯한 대규모 재해가 발생할 때 부품이나 재료 조달에 미치는 영향을 신속하게 파악할 수 있다. 일차 거래처인 공급자뿐 아니라 이차·삼차 거래처의 정보, 생산 품목별 거래 관계도 등록할 수 있다. 따라서 직접 거래 관계가 없는 공급자가 재해를 입어서 공급망에 영향을 미치는 경우도 단시간에 분석하여 조달처를 변경하거나 생산량을 조절하는 등 신속하게 대처할 수 있다. 현재는 공장에서 일어난 재해만 파악하지만 도로와 철도, 항만, 공항 등의 운송 인프라의 재해 상황과 영향도 파악할 수 있게 된다면 운송 경로나 운송 수단을 변경하라고 지시할 수도 있을 것이다.

물류와 직접 관련이 없는 기능이나 정보를 활용하는 것은 기상 상태와 자연재해에만 해당하지 않는다. 자원·원재료의 시장가격, 지역별·경로별 판매 실적, 최종 소비자의 상품 선호도, 수출입관세, 항만·공항 관계 사용료 등의 변화도 빅데이터로 축적될 것이다.

한편 물류 리소스를 정보 수집 단말로 활용하는 움직임도 있다. 아마존이나 자라처럼 집이나 점포에 놓인 기기를 통해 최종 사용자의 구매 행동을 파악하려는 움직임이 앞으로 더욱 확대될 것이다. 예컨대 택배 트럭에 센서를 부착하면 지역의 방범 대책이나 도로 교통 정보를 파악할 수 있다. 택배 운전기사가 경험적으로 파악하고 있는 배달지의 가족 구성이나 집에 있는 시간, 전자상거래의 이용 금액 등의 정보를 디지털화하여 익명화한 뒤, 기업의 마케팅에 활용하는 것도 생각할 수 있다.

로지스틱스 이상의 플랫폼

트럭이나 창고, 공장, 최종 사용자 등 화물 외부에 있는 기능·정보뿐 아니라 화물의 내용물도 공유 대상이 된다. DHL에 비견하는 규모의 대형 물류 회사 UPS는 화주 대신 제품을 제조·출고하는 3D프린트 서비스를 시작했다. 세계 각국에 있는 UPS의 물류 거점에 배치된 3D프린트를 적절히 이용할 수 있는 서비스다. 시제품이나 수주 생산품을 제조하긴 하지만 빈도가 낮아서 3D프린트를 갖출 정도는 아닌 화주 입장에서는 제조비용을 억제할 수 있는 편리한 서비스다. 덧붙여 그 시제품이나 수주 생산품을 먼 곳으로 배송해야 할 경우, 납품처 근처에 있는 UPS의 3D프린터를 이용하면 훨씬 빠르고 저렴하게 배달할 수 있다.〈도표 2-4〉

시제품과 수주 생산품을 제조하는 화주에게는 더할 나위 없는 서비스라고 할 수 있지만 UPS에게는 자사의 비즈니스에 부정적 영향을 줄 수도 있는 서비스다. UPS의 거래처가 이 서비스를 이용하면 장거리 운송 취급 화물량이 감소하기 때문이다. 그래도 군이 이 서비스를 하기 시작한 이유는 경쟁 업체가 UPS보다 먼저 이 사업을 시작해 사실상의 표준을 확보하지 못하게 하기 위해서일 것이다. DHL처럼 파괴적 비즈니스Disruptive Business에 과감하게 도전하는 것이다.

UPS는 화물의 내용물에도 개입해 물류라는 틀에서 벗어난 플랫폼을 구축하려 한다. 로지스틱스 4.0은 IoT, AI, 로보틱스라는

도표 2-4 | 대형 물류 회사 UPS의 3D프린트 서비스

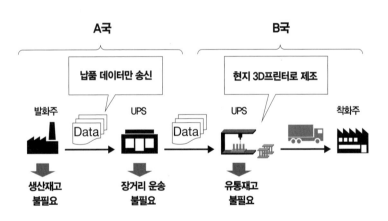

출처: UPS의 발표 자료를 근거로 작성

차세대 테크놀로지의 발전과 활용 범위를 확대한 새로운 혁신이므로 물류 주변 업계에도 비연속적인 변화를 일으킬 것이다. 그렇기에 로지스틱스라는 범위를 초월한 플랫폼을 확립할 절호의 기회라할 수 있다.

서플라이체인
4.0이란?

독일에는 '서플라이체인 4.0'이라는 새로운 움직임이 보인다. 사용자의 정보와 동향을 실시간으로 파악해 공급망(서플라이체인) 전체의 최적화에 활용하려는 시도다. 사실 서플라이체인 4.0을 실행하는 기업은 많지 않다. 2017년 유럽계 전략 컨설팅회사 롤랜드버거Roland Berger는 글로벌 기업의 경영 임원을 대상으로 실태 조사를 실시했다. 대상 업체 중 56퍼센트가 '자사의 수요 계획은 제대로 기능하지 않는다'고 답했고 '수요 계획은 디지털화되지 않았다'는 답변이 75퍼센트나 되었다. 이처럼 수요를 정확하게 예측해 공급망과 로지스틱스 최적화에 활용하는 것은 세계적으로도 앞선 시도라 할 수 있다.

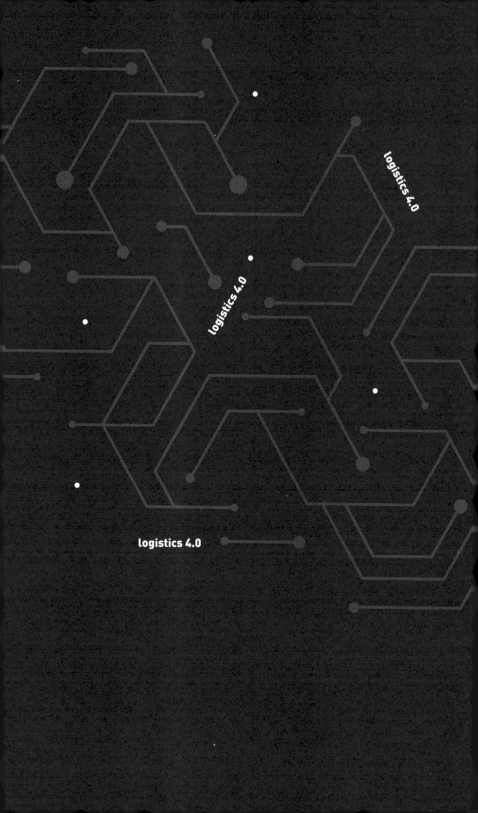

첨단화의 전망

logistics 4.0

logistics 4.0

logistics 4.0

logistics 4.0

logistics 4.0

로지스틱스 4.0은 물류 분야에 소인화와 표준화를 양축으로 장
비산업화를 실현한다. 운반·하역·포장·수배라는 물류의 기본 운
영 과정은 '사람의 개입이 거의 필요 없는 인프라적 기능'으로 이행
할 것이다. 이는 차세대 혁신을 활용한 새로운 물류 비즈니스를 창
조함과 동시에 기존 방식을 고수해서는 살아남지 못하는 시대가
닥쳐왔음을 의미한다. '파괴와 창조로 인한 비연속적 성장'이 가까
운 미래에 반드시 일어날 것이라고 인식해야 한다. 그렇다면 대체
무엇이 '파괴'됐다는 것일까?

첫째, 속인屬人적 노하우다. 사람이 개입하는 과정이 감소하는 것은 지금까지 특별한 노하우라고 여겨진 것들이 보편화되고 기계나 시스템으로 대체된다는 뜻이다. 물론 신규 서비스 기획, 대면 소통이 필요한 일, 예기치 못한 사태에 대처하기 등 인간의 지혜와 존재가 중요한 영역은 여전히 남겠지만 그 범위는 시간이 흐를수록 점차 축소될 것이다.

둘째, 속사屬社적 구조다. 물류가 인프라적 기능으로 변모하는 것은 특정 기업이나 개인이 독차지하지 않고 범용적으로 쓰이는 존재로 변한다는 뜻이다. '경제적 합리성을 우선한다면 우리 회사의 물류만 고수하지 않고 타사도 이용하는 구조로 전환하는' 영역이 확장될 것이다.

그런데 물류 장비산업화를 하려면 그에 상응하는 투자가 필요하다. 노동집약적 비즈니스에서 자본집약적 비즈니스로 전환하는 것이기 때문이다. 그러나 '어떤 기술이 표준이 될 것인가' '어느 제품과 기업이 승리할 것인가' '어느 시점에 투자해야 하는가' 하는 전망은 완전히 불투명하다. 그러므로 현 상황을 바탕으로 안이하게 판단하지 않고 자사의 성장 비전을 예측하며 중·장기적 관점에서 전략적으로 의사 결정을 해야 한다.

인간이 필요 없는 분야

자율주행차 시대의 일

로지스틱스 4.0은 AI와 로보틱스 같은 차세대 테크놀로지 발달과 적용 범위가 확대됨에 따라 이루어진 혁신이다. 따라서 AI와 로봇이 잘하는 영역에서는 '속인적 분야에서 탈피'하는 것이 먼저 진행된다. AI와 로봇이 잘 못하는 영역에서는 인간의 지혜와 존재가 여전히 중요할 것이다. 그러면 AI와 로봇은 무엇을 잘하고 무엇을 잘 못할까?

AI는 정해진 규칙에 따라 방대한 데이터를 신속하고 정확하게 처리하는 것을 잘한다. 다시 말하면 '스스로 무엇인가를 창조하거나' '데이터가 충분하지 않은 상황에서 판단하는 것'은 서툴다. 최첨단 로봇에는 AI가 탑재되어 있으므로 AI가 잘하는 일과 잘 못하는 일은 로봇도 마찬가지다. 그러나 인간보다 '호불호가 없고' '휴식이 필요 없고' '단순 작업을 신속하고 정확하게 반복하고' '방대한 정보를 인식·기록할 수 있다'는 장점이 있다.

예컨대 로봇은 좋고 싫음이 없으므로 화물이 무겁거나 악취가 나거나 또는 덥거나 추운 현장에서도 로봇의 사용 조건만 충족하면 아무 지장 없이 일한다. 쉬고 밥을 먹고 화장실에 가지 않아도 되므로 24시간 가동할 수도 있고, 물류 센터에서 한 발짝도 나가지 않고 계속 일할 수도 있다. 단순 작업을 맡겨도 지겨워하지 않고 자라에서 검토하는 순회 로봇처럼 시설 내의 정보를 빠짐없이 모을 수도 있다. 또한 전 세계의 물류 리소스 현재 정보를 파악해 화주의 수요와 매칭하는 일은 인간과 비교할 수 없을 만큼 뛰어나다.

다시 말해 물류의 기본 운영 체제에서 AI와 로봇이 사람보다 못하는 작업은 거의 없다. 트럭을 운전하는 것도 물류 센터에서 화물을 운반하거나 선반에서 물품을 집어내 포장을 하는 것도, 선박이나 트럭, 통관업체를 수배하는 것도 전부 AI와 로봇이 더 잘하는 영역이다. 지금은 아직 인식이나 동작의 정확도·속도가 떨어지는 데 비해 비용이 들어서 사람에게 많은 부분을 의존하고 있지만 그 범위는 서서히 줄어들 것이다.

그렇다고 어느 날 갑자기 AI와 로봇으로 모든 것이 대체되는 건 아니다. 자율주행 트럭이 보급되는 과정만 해도 처음에는 고속도로에서 군집주행을 하는 부분적 자율주행을 거쳐 완전 자율주행으로 바뀔 것이다. 일반 도로에서 자율주행이 '평범'한 일이 되는 것은 2030년대 이후로 예측된다.

물류 센터의 작업에 관해서도 마찬가지다. 롤랜드버거가 2016년에 정리한 보고서 「Of Robots and Men-in Logistics」에 따르면 향후 15년 내에 물류 센터에서 일하는 작업자의 40퍼센트는 로봇으로 대체될 것이라고 한다. 실제 인원수로 환산하면 150만 명 이상의 작업자가 일자리를 잃는다는 말이다. 틀림없이 북미와 유럽 지역의 물류업계에 상당한 영향을 미칠 것이다. 그러나 다시 생각해 보면 물류 센터의 로봇 활용이 일본보다 5년 정도 앞선 북미와 유럽에서도 2030년에야 모든 작업 중 절반을 인간이 맡을 것이라는 말이다.

결국 속인적 분야에서 탈피하기까지는 오랜 '과도기'를 거쳐야 한다. 따라서 과도기에서 쓰이는 AI와 로봇에도 충분한 사업 기회가 있다. 물류 센터의 작업자를 지원하는 기계·시스템은 작업 공정이 완전히 로봇화되면 쓸모없는 존재가 되겠지만 그것은 아직은 먼 미래 이야기다. 로봇화가 선행되는 영역, 지원 로봇이 활용되는 영역, 사람이 계속 대응하는 영역을 정확하게 구분해 방향성을 정하여 투자하는 것이 관건이다.

AI 물류와 인간의 역할

물류 회사나 화주는 기술 발달과 상용화되는 상황에 따라 AI와 로봇 같은 차세대 기계·시스템을 전략적으로 활용해야 하는데 이때 사업 경쟁력이나 지속성을 담보하는 방책도 생각해 둬야 한다. 속인적 노하우를 기반으로 '타사보다 빨리 출고할 수 있다' '출고 실수가 적다' '비용이 저렴하다' 등의 강점을 갖고 있다 해도 작업이 기계·시스템으로 대체되면 더 이상 경쟁 우위를 유지하기 어렵다.

기계와 시스템을 도입하기만 하면 타사도 똑같은 강점을 발휘할 수 있기 때문이다. 경쟁력의 원천이었던 작업이 기계·시스템으로 전환될 가능성을 주의 깊게 지켜보면서 기계·시스템 활용이 확대되어도 없어지지 않는 강점을 확보해야 한다.

AI는 방대한 데이터를 근거로 적합한 답을 도출할 수는 있어도 무에서 유를 창조하는 것은 서툴다. 과거의 실적이나 교통 상황을 근거로 가장 적합한 배송 경로를 찾을 수는 있지만 그 과정에서 인식된 과제나 수요를 바탕으로 획기적인 물류 서비스를 생각해 낼 수는 없다. 다양한 설비를 조합하여 타사가 갖지 못한 비즈니스 모델을 만들면 경쟁 우위를 확보할 수 있을 것이다.

AI는 데이터가 충분하지 않은 상황에서 판단하는 것도 잘 못한다. 화물 출고처와 납품처의 반응을 살피면서 새로운 물류 서비스를 제안하고 구현하는 것은 사람만이 할 수 있다. 물류 서비스의 설계와 제안 능력이 있는 인재와 조직을 육성하는 것은 로지스틱스 4.0 시대에도 여전히 의미 있는 활동이다.

마지막으로 또 하나 AI가 서툰 일로는 예기치 못한 사태에 대처하는 것이다. 지진을 비롯한 자연 재해, 판데믹(세계적으로 전염병이 대유행하는 상태), 사이버테러(컴퓨터 네트워크를 대상으로 하는 테러)와 같은 위기는 자주 일어나지 않으므로 데이터가 충분하지 않은 상태에서 판단해야 한다. 물리적 피해보다 기계·시스템이 작동하지 않을 가능성도 있다. 따라서 '최후의 보루는 인간'일 수밖에 없다. 평상시의 기본 운영 체제는 AI와 로봇에게 최대한 일임하지만 결정적 순간에는 인간이 대처할 수 있도록 '현장의 인간 작업자의 노하우를 차세대 인재에도 전수하는 것' '필요에 따라 인간을 중심으로 한 운영 체제로 신속하게 전환할 수 있게 해 두는 것'이 중요하다.

물류의 외부화

자회사 분리가 의미하는 것

일반적으로 결산 조정과 인재 수용을 위해 물류 자회사(모회사의 물류 업무만을 담당하는 자회사)를 산하에 두는 대형 화주가 많다. 그러나 2000년 3월기 이후(일본의 회계기는 3월부터 이듬해 2월까지이다 ― 옮긴이)부터 재무제표 공시 방법이 연결 결산 중심으로 개정되면서 '선택과 집중'을 꾀하는 기업을 중심으로 물류 자회사가 분리되는 경우가 늘어났다. 물류 장비산업화는 이런 동향에 박차를 가할 것이다. 소인화에 대응하려면 기계·시스템에 어느 정도 투자를 해야 하기 때문이다. 경영 효율을 높여야 하는 상황에서 물류를 기반으로 한 화주가 아니라면 물류 분야에 적극적으로 투자를 하기란 부담스러운 일이다. 또한 표준화가 진행되면 물류 기능을 외부화하여 표준적 물류 관리를 받아들이는 편이 비용 면에서 효율적이다. 자사만의 물류 시스템에 집착하면 합리적 경영을 하기 어렵다는 이야기다.

현시점에서 물류 외부화가 가장 앞서 이루어진 업계는 가전업계다. 치열한 경쟁 환경에 항상 노출된 가전업체와 가전제품 판매점은 상당수가 과감한 비용 구조 개혁을 단행해 왔다. 이른바 대형 전기업체 8개사(히타치제작소, 소니, 파나소닉, 도시바, 후지쯔, 미쓰비시전기, 니혼日本전기, 샤프) 중 샤프를 제외한 7개사는 30년 전까지만 해도 물류 자회사를 보유했지만 그 체제를 지금까지 유지하는 것은 도시바와 미쓰비시전기뿐이다. 야마다전기를 비롯한 대형 가전제품 판매점도 상당수는 물류 기능을 3PL 3rd Party Logistics(화주의 물류 업무를 포괄적으로 위탁하여 화주 입장에서 물류 최적화를 꾀하는 사업자) 사업자에 포괄 위탁하고 있다.

의약품업계도 물류 외부화가 진행되는 분야다. 2000년 이후, 세계의 업체와 경쟁하게 되면서 업계 재편이 이루어졌고 현재는 절반 이상의 의약품 제조업체가 물류 기능 포괄 위탁처로 3PL 사업자를 활용한다. 의류업계와 화장품업계처럼 경쟁이 치열하고 여러 화주가 혼재하는 업계는 대체로 같은 상황이다.

물류를 통합하는 업계 현황

물류 외부화는 '물류 자회사 매각'을 수반하는 경우가 적지 않다. 물류 자회사를 매수하는 측인 3PL 사업자는 특정 업계를 타깃으로 M&A를 추진해 일단 물류 자회사를 확보하면 단숨에 시장 점유율을 높일 수 있기 때문이다. 실제로 대형 종합 물류 회사 니혼통운과 미쓰이소코三井倉庫홀딩스는 가전업계에서 여러 물류 자회사를 그룹화하여 일본에서 과점적 지위를 차지했다.

한편 의약품업계는 물류 자회사 매각이 아니라 모회사가 물류 기능을 3PL 사업자에게 포괄 위탁하는 형태로 외부화가 진행되었다. 대형 종합 물류 회사 미쓰비시창고와 히타치물류, 대형 의약품 판매사 스즈켄은 3PL 사업자로서 의약품 제조업체를 타깃으로 물류 기능 포괄 위탁을 전략적으로 확대해 일본에서는 타사와 비교가 되지 않는 점유율을 차지했다.

식품, 음료, 화학 등 물류 기능을 사내에 보유한 대기업 화주 사이에서도 외부화를 지향하는 움직임이 생기고 있다. 식품업계에서는 아지노모토, 카고메, 닛신오일리오그룹, 닛신후즈, 하우스식품 그룹 본사, 이렇게 5개사의 물류 기능을 통합해 아지노모토의 물류 자회사 아지노모토물류를 존속회사로 한 전국 규모의 물류 회사를 설립한다고 발표했다. 음료업계에서는 아사히, 기린, 삿포로, 산토리 4사가 공동 물류 방식을 꾸준히 확대하고 있다. 화학업계에서도 미쓰이화학, 이데미쓰코산出光興産, 도레이TORAY, JSR, 프라임폴리머, 미쓰이듀폰폴리케미컬 6사가 공동 물류를 시작했다. 이

도표 3-1 | 일본의 물류 자회사 주요 매각 사례(2010년 이후)

매각연도	모회사	물류 자회사	매수기업	비고
2010년	산요전기	산요전기로지스틱스	롱리치그룹	100% 주식 취득, 2012년 미쓰이소코에 매각
2011년	DIC	DIC로지테크	히타치물류	90% 주식 취득
	호맥	다이렉스	히타치물류	90% 주식 취득
2012년	도요타	TAS익스프레스	미쓰이소코	45.5% 주식 취득
2013년	코니카미놀타	코니카미놀타물류	DHL	사업 양도에 따른 계승
	니혼전기	NEC로지스틱스	니혼통운	49% 주식 취득, 2014년 소유비율을 51%로 변경
2014년	파나소닉	파나소닉로지스틱스	니혼통운	66.6% 주식 취득
	JSR	JSR물류	니혼트랜스시티	60% 주식 취득
	이와타니산업	이와타니물류	센코	일부 사업 양도에 따른 계승
2015년	소니	소니서플라이체인솔루션스	미쓰이소코홀딩스	66% 주식 취득
	니혼전산	니혼전산로지테크	마루젠쇼와丸全昭和 운수	100% 주식 취득
	아식스	아식스물류	마루베니丸紅로지스틱스	100% 주식 취득
2016년	온워드홀딩스	어크로스트랜스포트	센코	100% 주식 취득
2018년	리코	리코로지스틱스	SBS홀딩스	66.7% 주식 취득

출처: 각사의 발표 자료를 근거로 작성

러한 공동 물류에 관한 움직임은 물류 기능 외부화에 속도를 붙일 것이다. 물류를 특정 기업이나 개인이 독차지하지 않고 인프라적 기능으로 범용적으로 쓰게 되는 이른바 '속사적 분야에서의 탈피'는 이미 현실이 되어 가고 있다.

전략적 투자의 중요성

판을 뒤집을 자본집약적 비즈니스

물류는 원래 노동집약적 비즈니스다. 트럭과 철도가 등장하고 지게차와 컨테이너 선박이 보급되면서 WMS와 TMS와 같은 시스템을 활용해 화물 하나를 운반하는 데 필요한 사람의 수고는 줄어들었다. 노동생산성은 분명히 높아졌지만, 화물 운송량·거리와 인간의 투입 공수가 비례하는 구조는 여전하다. 장거리 트럭의 운송량·거리는 한 대당 적재량이 변하지 않는 한 운전기사 투입 공수에 준한다.

자율주행 트럭이 상용화되면 이 상황이 크게 바뀔 것이다. 인간의 투입 공수와 상관없이 트럭 수량만 늘리면 화물 운송량·거리를 늘릴 수 있다. 또한 AI가 매칭하는 방식이 보급되면 가동 효율이 향상되어 트럭 한 대당 적재량이 증가할 것이다.

물류 센터의 작업도 마찬가지다. 모든 작업이 완전히 로봇화되면 작업자의 투입 공수를 늘리지 않아도 증가하는 입출고량을 처리할 수 있다. 일시적으로 물류 센터를 이용하고 싶은 화주와 빈 공간이 있는 물류 센터를 매칭하는 서비스가 확대되면 로봇의 가동 효율이 향상되어 총 입출고량을 늘릴 수 있다.

즉 기존의 물류 비즈니스에서는 화물량에 따라 인간의 인원 및 작업 시간을 유연하게 변경하는 것이 수익을 최대화하는 필수 요건이었다. 그래서 '원청'인 대형 물류 회사는 성수기와 비수기의 차이에 대응하기 위해 중소 운송 회사나 작업 회사를 '하청'으로 활용하며 현장에서 속인적·속사적 대응을 통해 개별적으로 최적화했다. 물류업계는 전형적인 중층 하청 구조를 따르며 이것은 노동집약형 산업의 필연적 귀결이라고 해도 과언이 아니다.

장비산업화는 이 업계 구조를 밑바닥부터 뒤집어 놓을 것이다. 노동집약형에서 자본집약형으로 일대 전환되기 때문이다. 자율주행 트럭이나 로봇, 매칭 시스템 같은 차세대 물류 기계·시스템에 전략적으로 투자해 타사보다 먼저 새로운 기술을 사업화하고 비즈니스 모델을 확립하여 사실상의 표준이라는 지위를 얻는 것이 승자의 요건이다. 이 '게임 체인지 Game Change(비즈니스의 기존 틀이나 규정이 무너지고 새로운 것으로 대체되는 것−옮긴이)'에 정확하게 대처하지 못하면 도태될 것이다.

그렇다면 어떤 설비에 투자해야 할까? 이 단순해 보이는 질문에 '정답'을 찾기는 쉽지 않다. 아무도 '어떤 기술이 표준이 될 것인가' '어떤 제품과 기업이 승리할 것인가' '어떤 시점에서 투자해야 적절한가'를 정확하게 예측할 수 없기 때문이다.

새로운 로지스틱스형 상품 리더기

앞서 소개한 RFID태그, 즉 반도체 칩이 내장된 데이터를 무선 주파수를 이용하여 읽어 내는 인식 시스템은 공급망 효율화를 이루는 데 유용한 도구다. 그러나 현 단가 수준으로는 공급망 관리에 상당한 비용을 쏟는 상품이나 제조에서 판매에 이르는 모든 공정에서 효율화 효과를 체감할 수 있는 SPA Speciality store retailer of Private label Apparel(제조소매업)를 제외하고는 일회용 RFID태그로 투자 대비 효과를 얻기 힘들다. 그래서 일반적으로는 보쉬처럼 컨테이너와 팰릿 같이 반복적으로 사용하는 물류 자재에 RFID태그를 붙여서 사용한다.

RFID태그의 단가는 생산량이 빠르게 증가하고 재료와 프로세스 기술이 고도화되면서 대폭 낮아졌다. 예전에는 한화로 약 1,000원이 넘었지만, 지금은 100원 정도면 살 수 있다. 〈도표 3-2〉 2017년 3월 세계 최대 규모의 종합 인쇄 기업이자 RFID 상용화로도 세계를 선도하는 다이닛폰大日本인쇄는 2020년까지 단가를 약 50원

이하, 2025년에는 약 10원인 RFID태그를 만들겠다고 발표했다. 같은 해 4월 일본 경제산업성은 편의점 회사들과 합의하에 '특수한 조건이 없는 상품에 부착하는 보급형 전자태그 단가가 약 10원 이하'라는 조건으로 '2025년까지 세븐일레븐, 패밀리마트, 로손, 미니스톱, 뉴데이즈는 모든 취급상품(추계 1천억 개)에 전자태그를 부착해 개별 상품 관리를 실현하겠다'는 내용의 "편의점 전자태그 1천억 개 선언"을 공표했다.

도표 3-2 | RFID태그 단가

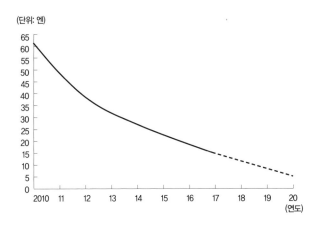

(단위: 엔)

출처: 각사의 발표 자료를 근거로 추계

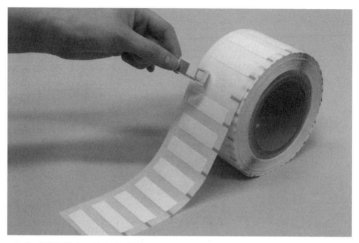

RFID태그 | 출처: 후지쯔프론테크주식회사

단가가 10원 이하로 떨어지면 RFID태그를 바코드처럼 일회용으로 쓸 수 있다. 일단 RFID의 편리함을 인식하면 RFID태그로 관리하는 방식이 빠르게 일반화될 가능성도 있다.

첫째, RFID는 한 번에 여러 태그를 비접촉 스캔으로 읽을 수 있다. 바코드처럼 물품을 하나하나 스캔할 필요가 없다. 상자에 들어 있는 여러 상품을 한 번에 확인할 수 있으므로 계산대에서 생산성이 훨씬 높아진다. 가게 출입구에 태그를 읽을 수 있는 게이트를 설치해 결제 시스템과 연동하면 계산대에서 정산하는 과정 자체를 생략할 수도 있다. 가게를 나갈 때 자동으로 정산되므로 물건이 도난당할 일도 없다.

재고 조사나 검수할 때의 생산성도 현저히 향상될 것이다. 상품이 높은 선반에 리더기를 스치듯 흔들면 그곳에 있는 상품을 한 번에 확인할 수 있다. 상자 안에 들어 있는 상품도 상자를 열어서 꺼낼 필요가 없다.

기억 용량이 바코드보다 훨씬 크고 데이터를 주입할 수 있는 것도 장점이다. 편의점처럼 많은 상품을 취급하는 기업에서도 SKU Stock Keeping Unit(상품 종류를 가장 세분화했을 때의 단위)가 아니라 상품 개체별로 다른 코드를 부여할 수 있다. 따라서 엉뚱한 물건이 섞이고 오염되거나 부패되는 사고가 발생했을 때 리콜 대상인 상품을 가려내고 원인을 규명하기도 쉽다. 식료품에 사용할 수 있게 되면 소급성Traceability이 향상되어 식품 안전성을 강화할 수 있다.

그러면 RFID태그의 단가는 언제쯤 10원 이하로 내려갈까? 컨테이너와 팰릿 같은 물류 자재에 태그를 붙이면 한 무더기 단위로만 관리할 수 있다. 태그를 이용한 개별 관리가 일반화되면 물류 자재에 부착한 태그나 그 태그를 읽는 리더기는 불필요해진다. 다이닛폰인쇄과 경제산업성이 구상한 바와 같이 2025년에 10원 이하가 된다면 처음부터 일회용을 상정하여 도입하는 방안을 검토하는 것이 나을 수도 있다.

그러나 10원 이하가 되려면 오랜 시간이 걸릴 것이라고 보는 의

견도 적지 않다. 10원 이하가 되는 것 자체가 불가능하다는 견해도 있다. 만약 그렇다면 물류 자재에 태그를 부착하는 방식의 효율성을 검토해야 한다. 다시 말해 RFID태그 단가의 추이를 어떻게 예상하는가에 따라 투자 방향성이 크게 달라진다는 말이다.

실은 RFID에는 유력한 대체 솔루션이 존재한다. 카메라나 센서를 조합한 이미지 인식 시스템이다. 이미지 인식의 정밀도와 속도가 크게 향상되면 RFID태그가 과연 필요할까? 월마트에서는 물류 센터에서 재고 실사를 할 때 드론을 활용하는데, 상품 위치와 수량을 이미지 데이터로 파악한다. 무인 편의점 아마존 고도 RFID태그를 사용하지 않고도 계산대를 없애는 데 성공했다. 이미지 인식으로는 상자나 바구니 안에 들어 있거나 접혀 있는 상품 수량을 파악할 수는 없지만 RFID에 기대하는 기능 중 대부분을 대체할 수는 있다. 그리고 RFID태그 부착에 드는 추가 비용도 발생하지 않는다. 여러 기업이 공통적으로 이용하기 위해 규격화나 보급 구조를 이룰 필요가 없다. 그렇게 생각하면 이미지 인식 시스템이 먼저 일반화된다면 RFID는 '낙동강 오리알'이 되어 버릴 가능성이 있다.

공급망 효율화를 꾀하는 기업 입장에서는 '상품 개체에 태그를 부착할 것인지' '물류 자재에 태그를 부착할 것인지'뿐 아니라 '태그인가' '이미지 인식인가'도 투자 의사 결정을 좌우하는 중요한 쟁점이다. 가격뿐 아니라 인식 정확도와 속도도 평가하여 경제적으로 합리적인 판단을 내려야 한다.

덧붙여 만약 모든 상품에 태그를 부착하는 것이 경제적으로 합리적이라 해도 업계의 대부분이 이미지 인식 시스템 활용을 채택한다면 RFID의 사용 가치가 크게 떨어진다. 무인 편의점 아마존 고와 같은 시스템이 빠르게 보급되어 글로벌 스탠더드가 된다면 일본의 경제산업성이 발표한 "편의점 전자태그 1천억 개 선언"은 유명무실해질 위험이 있다는 말이다. VHS와 베타맥스(소니가 1975년에 개발한 VTR 방식. VHS와 베타맥스 두 테이프의 성능을 비교하면 베타맥스가 월등하다. 테이프의 크기가 작고, 테이프의 경로도 짧아 기계를 소형화할 수 있지만, 1년 후 출시된 VHS 방식에 밀려 시장에서 자취를 감추었다—옮긴이)가 치렀던 규격 전쟁처럼 초기 기술적 우위가 '사실상 표준'의 지위를 얻기 위한 필수 요건은 아니며 일단 그 지위가 확립되면 여간해서는 흔들리지 않는다. 따라서 로지스틱스 분야의 '차세대 VHS적 존재'가 무엇인지 정확하게 파악해야 한다.

자율주행 비즈니스의 시장성

트럭의 자율주행화도 위와 같은 난제가 있다. 먼 미래에는 틀림없이 모든 트럭이 자율주행화될 것이다. 그러나 언제 그렇게 될지는 아무도 정확하게 예측할 수 없다.

국토교통성은 2022년 군집주행을 상업화하겠다는 목표를 내걸었다. 국토교통성의 계획대로라면 고속도로 주요 인터체인지에는 무인 군집주행으로 운행되는 트럭을 기다리는 운전기사를 위한 대기소가 정비되고 트럭과 운전기사를 매칭하는 새로운 비즈니스가 나타날 것이다. 완전 자율주행이 실현된다 해도 그 범위가 고속도로로 한정된다면 무인 주행으로 운행된 트럭과 일반도로를 운전하는 운전기사를 매칭하는 비즈니스가 여전히 필요할 것이다.

그렇다면 일반도로에서도 완전 자율주행이 가능해지면 매칭 비즈니스의 시장성은 어떻게 변화할까? 모든 도로에서 트럭이 자동 운행되면 운전기사와 매칭할 필요가 없다. 다시 말해 인터체인지를 접점으로 한 매칭 비즈니스는 군집주행이 상업화된 뒤부터 일반도로에서의 완전 자율주행이 이루어질 때까지의 '과도기'가 대상이 된다. 그 시기가 길지 짧을지 보는 관점에 따라 잠재적 시장규모와 충분한 경쟁력을 확보하기 위한 투자금액이 달라질 것이다.

로보틱스화에 대한 전망

물류 센터의 로보틱스화에 관해서는 창고 로봇이나 무인 지게차와 같은 '사람이 필요 없는 기계·시스템'의 상용화 및 보급 시기를 언제쯤 생각할지에 따라 투자 방향성이 달라진다. 투자 대비 효과를 얻기엔 아직 시간이 필요하다고 판단한다면 사람을 따라다니는 운반 로봇, 강화복, 웨어러블 시스템과 같은 '사람의 업무를 지원하는 기계·시스템' 도입을 검토해야 한다.

이것을 판단하려면 대상 화물과 작업 프로세스, 입출고량, 시설 규모를 고려해야 한다. '상자에 들어 있는 상품 피킹 작업' '가장 바쁠 때의 입출고량은 평상시의 2배 이하' '구획 면적은 2천 제곱미터 이상' '작업 인력은 1백 명 이상' '작업자 시급은 1천 엔 이상' '향후 4년 이상 지속적 이용을 상정' 등의 조건을 충족한다면 지금 당장 '사람이 필요 없는 기계·시스템'을 도입해도 투자 대비 효과를 충분히 볼 수 있다. 하지만 반대 경우도 있다. 이러한 설비로 대체하기 어려운 화물과 작업도 있기 때문이다. 사람이 필요 없는 물류 센터가 서서히 늘어날 수도 있지만 한 물류 센터에 '사람이 필요 없는 기계·시스템'과 '사람의 작업을 지원하는 기계·시스템'이 공존하면서 그 비율이 조금씩 변화하는 미래도 염두에 두는 편이 좋을 것이다.

현재 기준의 무의미성

시스템을 개발하는 것을 검토할 때 특히 중요한 점은 현재 작업 방식을 '기준'으로 삼지 않는 것이다. 아마존의 물류 센터에서 일하는 선반 운송형 로봇은 '작업자가 선반까지 출고 상품을 꺼내러 가는 과정'을 '로봇이 선반 통째로 상품을 운반해 오는 과정'으로 바꿈으로써 사람을 대체하는 데 성공했다. 무진이 완전 자동화를 지원한 둥징상청東京商城의 물류 센터에 있는 자동 포장기는 '상품 크기에 맞는 상자에 넣는다'가 아니라 '상품 크기에 맞추어 상자 크기를 생성함'으로써 작업 시간을 단축하는 작업 효율화에 성공했다. 사람이 작업할 때의 방식을 그대로 기계·시스템으로 대체하려 하면 과도한 비용이 들거나 전보다 리드타임이 늘어나는 일이 종종 발생한다. 기계·시스템만의 작업 방식을 생각해 내는 것도 로보틱스화를 향한 혁신이라 할 수 있다.

물류 비즈니스 모델을 근본부터 뒤집는 것도 중요하다. 고객의 요청에 충실하게 대응하는 것을 기본 방침으로 삼는 물류 회사는 고객의 화물을 가능한 한 전부 취급하려고 한다. 그러나 역발상으로 특정한 크기와 모양의 화물만 취급하는 방식을 생각할 수도 있다. 화물의 크기나 모양이 고정되면 사람이 필요 없는 기계·시스템을 쉽게 활용할 수 있다. '이 크기와 모양인 화물은 입출고료와 보관료를 통상 요금의 절반만 받겠다'고 하며 고객을 모을 수도 있을 것이다.

사람이 필요 없는 기계·시스템 중 상당수는 상품의 크기나 모양을 카메라나 센서로 파악하기 때문에 정확도와 속도를 향상하기 위해 많은 자금을 쏟아붓고 있다. 하지만 그 상품(화물)의 제조업체에게 3D데이터를 받으면 상품을 꺼내거나 놓는 작업이 좀 더 간단해질 것이다. 기술 수준에 따라서는 연구·개발보다는 상품의 3D

데이터를 미리 제공받는 비즈니스 체제를 구축하는 데 투자하는 편이 나을 수도 있다.

개별 기술에 주목하여 그 기술을 상용화할 수 있을지 파악하는 것도 중요하지만 기술 발달 자체가 본래 목적이 아니라는 점을 잊지 않아야 한다. 로지스틱스 최적화를 실현할 때 그 기술을 활용하는 것이 앞으로도 효과적이라면 충분히 투자해야 한다. 그러나 대체 솔루션이 존재한다면 중·장기 관점에서 볼 때 무엇이 더 유망한 투자일지 선택해야 한다. 그 점을 비교 검토할 때는 작업 방식이나 비즈니스 모델을 수정할 수도 있어야 할 것이다.

미래의 시나리오

글로벌 기업들의 로지스틱스 전망 보고서

전략적 투자를 할 때 가장 어려운 점은 '미래는 아무도 모른다'라는 것이다. 로지스틱스 사업 환경 변화, 신기술 개발과 상용화, 거래처와 경쟁사의 동향을 관찰하여 적합한 시점에 신속하게 대처했다고 해도 엄밀히 말해 그것은 '뒤쫓아 가는 것'일 뿐이다. 그러므로 투자 대비 효과를 정확하게 파악하려면 그에 상응하는 실적을 고려하여 판단해야 한다. 로지스틱스를 코스트 센터로 분류한

다면 '뒤쫓아 가는 방식'으로도 문제가 없겠지만 새로운 가치를 창
조하려 한다면 미래를 '상상'해서 조금이라도 성공 확률이 높은 방
향으로 타사보다 먼저 나아가야 한다.

2014년 유럽에서 유명한 물류·철도기업인 도이치반은 세계 최
대의 트럭 제조업체인 다임러, 유럽 최대의 응용연구기구인 프라
운호퍼Fraunhofer와 함께 2030년 물류업계를 그린 보고서「미래 비
전: 운송과 로지스틱스 2030」Vision of the Future: Transportation and Logistics
2030을 발표했다. 이 보고서에는 2030년까지 ① 시스템 통합화, ②
교통관리 최적화, ③ 자율운행 상용화, ④ 철도운송 효율화, ⑤ 운
송·하역 시 저소음화, ⑥ 컨테이너 모듈화, ⑦ 공동 배송 확대, ⑧
노동 환경 개선, ⑨ 환경 측면 향상 등 아홉 가지 변화가 일어날 것
으로 예측한다.〈도표 3-3〉 2030년이라는 어느 정도 시간적 여유가
있어서인지 '빅데이터 활용에 따른 교통 정체 해소와 정시 도착성
향상', '자율운행 보급에 따른 운송비용 절감과 교통사고 감소', '화
물 및 물류 리소스의 현재 정보를 실시간 추적해 가동성 극대화' 등
상당히 선진적이고 획기적인 내용이 많다.

2015년 DHL과 세계 최대의 컴퓨터 네트워크 기기업체인 시스
코Cisco는 IoT에 따른 물류 발전을 예측한 보고서「로지스틱스와 사
물인터넷」Internet of Things in Logistics을 발표했다. 2025년까지 10년간
IoT가 창출하는 경제가치는 8조 달러로 '로지스틱스와 공급망 혁

신'은 그중 1.9조 달러를 차지한다고 예측했다. 〈도표 3-4〉이 보고서는 2025년에 초점을 맞추고 있어 RFID태그와 웨어러블 시스템을 함께 사용한 창고 내 운영 효율화, GPS나 센서 활용을 확대해 로케이션 관리 정확도 향상, 모니터링 시스템 보급에 따른 다운타임 축소, 운전·조타의 부분적 자동화를 통한 운송비용 절감 등 「미

도표 3-3 | 2030년을 향한 아홉 가지 미래 시나리오

① 시스템 통합화	실시간 운송 상황 모니터링 및 추적 가능한 통합 시스템 구축
② 교통관리 최적화	경로 자동 안내 시스템을 도입해 인프라 활용 극대화
③ 자율운행 상용화	운전자 지원 시스템으로 안전하고 효율적인 운송
④ 철도운송 효율화	자율주행 화물차 최적화
⑤ 운송·하역 시 저소음화	도심 물류 작업 시 저소음화를 위해 대안책 추진 및 새로운 물류 방식을 제안
⑥ 컨테이너 모듈화	소형 물품 운송을 위한 컨테이너 모듈 개발 및 활용 극대화
⑦ 공동 배송 확대	다양한 운송 수단과 수량의 통합
⑧ 노동 환경 개선	더 가능성 있는 물류 산업을 만들기 위해 작업 환경 개선
⑨ 환경 측면 향상	대안적 운송 수단과 기술 혁신으로 친환경 운송 실현

출처: 도이치반·다임러·프라운호퍼, 「미래 비전: 운송과 로지스틱스 2030」

래 비전」보고서보다 상대적으로 현실적인 내용이 담겨 있다.

로지스틱스의 미래를 예측한 보고서는 여러 조직 및 기관에서 발표되었다. 이 보고서를 참고해 미래를 '상상'하고 새로운 물류 비즈니스를 구체화하는 것도 효과적일 것이다.

물류 인프라와 패러다임 전환

한편으로 왜 DHL은 시스코와 함께 보고서를 작성했는지도 생

도표 3-4 | 2025년까지 10년간 IoT가 창출하는 경제 가치

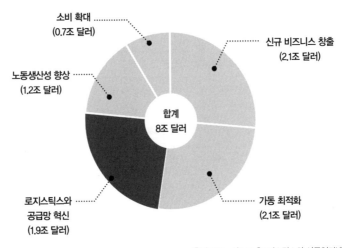

소비 확대 (0.7조 달러)
신규 비즈니스 창출 (2.1조 달러)
노동생산성 향상 (1.2조 달러)
합계 8조 달러
로지스틱스와 공급망 혁신 (1.9조 달러)
가동 최적화 (2.1조 달러)

출처: DHL·시스코, 「로지스틱스와 사물인터넷」

각해 봐야 한다. 아마 물류 비즈니스에서 컴퓨터 네트워크를 활용하는 것이 중요하다고 인식했기 때문이 아닐까? DHL은 다양한 물류 회사의 시스템과 접속하여 통합 관리할 수 있는 플랫폼을 개발하고 있다. 물류 운영 시스템을 제공해서 새로운 가치를 창출해 내고 제공하려는 것이다. 시스코와 함께 발표한 「로지스틱스와 사물인터넷」은 그 세계관을 표명한 것이라고 할 수 있다.

그렇다면 왜 도이치반은 다임러, 프라운호퍼와 함께 보고서를 냈을까? 아마 로지스틱스 4.0 시대에 기반이 되는 차세대 물류 인프라를 구축·제공하겠다는 의도였을 것이다. 그 때문에 독일의 물류·철도회사 도이치반은 독일의 트럭 제조업체 다임러와 독일에서 산학관 연계 기반 기능을 맡은 프라운호퍼와 함께 미래상을 그린 것이다. 「미래 비전」은 독일에서 로지스틱스 4.0을 실현하겠다고 세계에 보내는 메시지인 셈이다.

그렇다면 DHL과 도이치반은 미래를 '상상'하고 세계관을 기록하겠다는 목적만으로 보고서를 발표했을까? 미래를 '상상'할 뿐 아니라 청사진을 명시하여 미래를 '창조'하려 했을 것이다. 패러다임 전환이 일어나고 있을 때는 아무리 구체적으로 미래를 상상한들 현실이 그대로 이루어질 가능성은 별로 없다. 일어날 수 있는 모든 사태를 상정해도 반드시 예상하지 못한 사태가 일어나기 마련이다. 그렇다면 자신이 지향하는 미래를 '창조'하고 그 미래를 이루기 위해 세상을 바꾼다는 전략도 있지 않을까? 변화의 물결에 올라타기만 하지 않고 스스로 변화를 일으키는 것이다. DHL과 UPS는 스스로 기존 사업을 파괴할지 모르는 파괴적 비즈니스에 도전하고 있는데 그야말로 로지스틱스 4.0 시대를 내다본 창조적 행동이라 할 수 있다.

미래를 창조할 때 청사진을 제시하는 행위에 어떤 가치가 있을까? 그 세계관에 공감하는 이들을 널리 모을 수 있다. 보고서를 읽은 많은 사람과 기업 들이 도이치반과 DHL에 연락하지 않았을까? 그것이 진짜 목적이었을지도 모른다.

한 개인이나 한 기업은 미래를 상상할 수는 있어도 창조할 수는 없다. 그렇기에 청사진과 미래를 함께 창조할 '동료'를 얻는 것은 로지스틱스 4.0 시대에 살아남기 위한 핵심 전략이 될 수 있다.

소인화와 표준화 중
무엇이 먼저 진행될까?

소인화를 자율주행, 표준화를 매칭이라고 규정한다면, 트럭 운송에는 매칭 비즈니스가 선행될 것이다. 자율주행 상용화에는 기술적 문제 해결뿐 아니라 법률과 자동차 보험 제도를 개정해야 하기 때문이다. 반면 물류 센터에서는 소인화가 선행되고 있다. 물류 기계·시스템 활용은 꾸준히 확장되고 있는 데 비해 기존의 매칭 사업 규모는 부동산중개업을 제외하고는 미미한 수준이다. 예전부터 있어 온 개인 중개업자 덕분에 트럭 운송 업계에는 '트럭을 필요할 때만 이용'하는 일이 종종 있었지만, '물류 센터를 필요할 때만 이용하는 것'은 아직 일반적이지 않다. 그러므로 대상 분야에서 소인화와 표준화 중 무엇이 먼저 진행될지 정확하게 예측해 그 시기에 맞는 비즈니스 모델을 생각해야 한다.

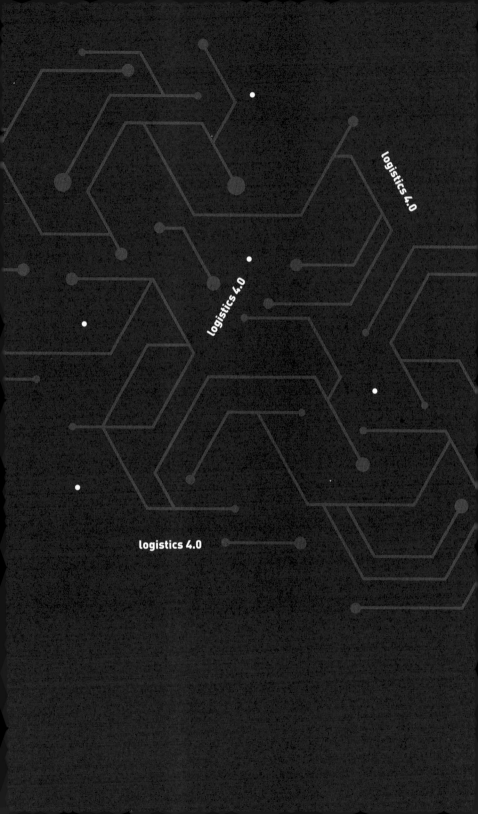

물류의 플랫폼화

logistics 4.0

logistics 4.0

logistics 4.0

logistics 4.0

로지스틱스 4.0은 물류 비즈니스에 지각변동을 일으킨다. 속인적 노하우와 속사적 구조를 기반으로 한 노동집약적 비즈니스 모델에서 탈피하지 못한 물류 회사는 생존경쟁에서 도태될 것이다. 진화론을 제창한 찰스 다윈Charles Darwin은 '강한 종이 살아남는 것이 아니라 변화에 가장 잘 적응하는 종이 살아남는다'는 명언을 남겼다. 장비산업화에 적응하는 것은 물류업계에서 살아남기 위한 필수 요건이다.

그렇다면 생존에 대한 방향성을 어떻게 잡아야 할까? 물류 회사

도표 4-1 | 물류 회사의 생존 방향성

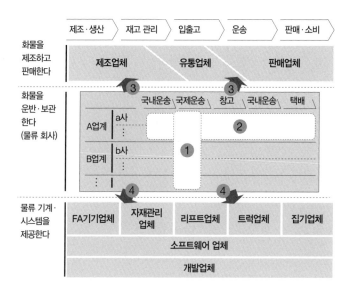

① 물류 서비스에 기반한 로지스틱스 플랫포머

② 화주업계에 기반한 로지스틱스 플랫포머

③ 물류+α의 운영 아웃소서

④ 물류 기계·시스템의 통합 공급자

가 자본집약적 비즈니스로 전환하려면 어떤 특정 영역에서 플랫포머라는 지위를 얻어야 한다. 물류 서비스의 종류·제공 지역 또는 화주의 업계 및 업종을 기준으로 시장을 세분화하고 목표 사업 영역에서 규모의 경제성을 극대화해야 한다. 대국적 관점에서 생각해 과점적 지위를 남보다 먼저 획득하는 것이 관건이다.

한편 장비산업화가 진행된다고 해서 모든 것이 규모의 경제성을 기반으로 한 전략으로 변하는 것은 아니다. 물류 사업 기반을 바탕으로 새로운 가치를 제공하는 방식도 생각해 볼 수 있다. '물류 회사이면서 물류 외의 운영 서비스도 제공한다' 또는 '물류 회사로서의 비즈니스를 기반으로 기계나 시스템을 제공한다'와 같은 가치를 확장하는 방향으로 잡으면 사업 규모를 중심에 두지 않은 다른 방식으로 전략을 짤 수 있을 것이다. 물류 비즈니스의 범위를 뛰어넘는 전략이라 할 수 있다.

지역마다 다양한 물류 니즈

특정 물류 서비스로 과점적 지위를

물류 회사의 비즈니스를 생각할 때 물류 서비스의 종류와 제공 지역은 사업 영역을 세분화하는 효과적인 기준이다. 3PL 사업자인지, 포워더인지, 해운 회사인지, 운송 회사인지, 창고 회사인지에 따라 필요한 물류 리소스가 다르기 때문이다. 지역에 따라 물류 서비스에 대한 수요도 다르다. 따라서 특정 물류 서비스를 기반으로 목표 지역에서 다양한 화주와 화물을 확보해 사업 규모를 확장하는 것은 지극히 합리적인 전략이다.

실제로 특정 물류 서비스로 특이한 포지션을 구축하고 과점적 지위를 얻는 데 성공한 물류 회사는 탄탄한 경쟁 우위를 확립하고 있다. 일본의 중견 포워딩 업체 에이아이티AIT는 중국에서 일본으로의 해상 운송에 관해서는 독보적인 취급량을 확보하고 있어 해운 회사에 최저가 운임을 끌어낼 수 있다. 그뿐 아니라 상하이, 칭다오, 홍콩과 같은 중국의 주요 항구에서 일본으로 가는 항로에서 자사의 컨테이너를 마지막으로 적재할 권리도 갖고 있다.

컨테이너 선박에 적재된 컨테이너는 '후입선출'식이다. 대형 컨테이너 선박은 하역 작업에 몇 시간이 걸리기 때문에 마지막으로 쌓은 컨테이너는 적재에서 하역까지의 리드타임이 하루 정도 짧다. 중국·일본 간 해상 운송처럼 전체 리드타임이 짧은 항로인 경우 '하루 단축으로 인한 가치'는 무시할 수 없다.

휴일 판매가 매출의 상당수를 차지하는 소매 체인점은 주말 판매 실적을 근거로 상품을 주문하고 다음 토요일 아침까지는 점포에 상품이 입고되기를 원한다. 발주처가 일본에서 멀리 떨어진 북미나 유럽이라면 해상 운송만 열흘 이상이 걸리므로 토일 판매 실적을 근거로 주문해도 다음 토요일에는 도저히 상품을 진열할 수 없다. 그러므로 몇 주일분의 재고를 국내에 확보해 두거나 값비싼 항공 운송을 이용한다.

그런데 중국에서 상품이 받는 경우에는 해상 운송을 이용하면 다음 토요일 아침까지 점포에 입고할 수 있다. 물론 그렇게 하기 빠듯한 곳도 있을 것이다. 그때 AIT의 '하루 단축 가치'가 크게 빛을 발한다. 타사의 해상 운송보다 가격이 좀 비싸도 국내에 재고를 비축하거나 항공 운송을 이용하는 것보다는 훨씬 저렴하다. AIT는 이 특수한 포지션으로 과점적 지위를 확보하여 매출액 300억 엔에 못 미치는 규모에도 영업 이익률은 6~7퍼센트를 넘는 높은 수준을 유지하고 있다.

일본에서 구화구차 서비스를 제공하는 트랜컴도 과점적 지위를 얻는 데 성공한 기업이다. 타사보다 먼저 구화구차 시스템을 구축하여 기존의 개인 중개업자보다 훨씬 많은 취급 건수를 다루면서도 사람이 중개하는 기존 방식으로 소통하여 경쟁 우위를 확보했다. 트랜컴의 구화구차 서비스를 통한 매출액은 2002년부터 15년간 약 8배로 증가했고 2017년에는 800억 엔 가까이 되었다. 트랜컴의 총 매출액은 약 1,400억 엔이므로 지금은 구화구차 시스템 사업이 수익원이라 할 수 있다.

일본에서 가장 장비산업화가 앞서고 있는 물류 서비스는 택배다. 라스트 원 마일 현장은 여전히 노동집약적이지만 집하에서 배달에 이르는 과정은 완전히 시스템화되었고 모든 서비스 메뉴에 정가가 존재한다. 야마토운수, 사가와큐빈, 일본우편 3사 합계 점유율은 90퍼센트를 훌쩍 뛰어넘는다. 이러한 과점화는 자본집약적 비즈니스로 전환한 덕분에 가능하다. 〈도표 4-2〉

도표 4-2 | 택배 취급 개수(2017년)

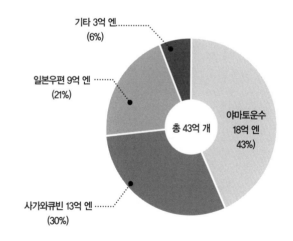

기타 3억 엔
(6%)

일본우편 9억 엔
(21%)

총 43억 개

야마토운수
18억 엔
43%)

사가와큐빈 13억 엔
(30%)

출처: 일본 국토교통성, 「택배편 취급 개수」

야마토운수의 지주회사 야마토홀딩스는 '멈추지 않는 물류'를 실현하기 위해 차세대 물류 시설·시스템을 개발과 도입에 적극적이다. 야마토홀딩스는 그 일환으로 육해공 신속 수송과 24시간 365일 가동이라는 부가가치 기능을 일체화한 일본 최대급 종합 물류 터미털 하네다쿠로노게이트를 세우는 데 1,400억 엔을 투자했다.

2017년 9월에 발표된 중기 경영 계획 "다음 100년을 위한 개혁 2019"에 따르면 2017년도부터 2019년도까지 3년간 총 3,500억 엔 투자가 이루어질 계획이다. 장비산업화에 적응하기 위해 전략적으로 과감하게 투자한 사례라 할 수 있다.

체계적 시스템이 중요한 이유

물류 장비산업화가 발달하면 물류 서비스 대부분은 택배처럼 정형화·정액화된다. 속인적·속사적 업체에서 탈피하여 '사람과 기업에 따른 운영 수준의 격차'는 거의 없어질 것이다. 또 로지스틱스에 관한 여러 기능과 정보가 연결된다.

그렇게 되면 물류 회사를 선택할 때마다 복수 견적서를 받고 현장 운영 상황을 확인하여 보관·하역 장소나 운송 수단을 지정할 필요가 없어진다. 특별한 대응이 필요 없는 대부분의 화주는 택배를 이용할 때처럼 정형화된 물류 서비스 중에서 최적인 서비스를 선택하면 되는 것이다. 다시 말하면 물류 서비스를 재빠르게 시스템화하고 플랫폼으로 확립하는 데 성공한 물류 회사가 제2의 야마토운수가 될 것이다.

향후 기술 혁신을 전망할 때는 IoT 발전과 활용이 확대되리라는 점을 고려해야 한다. 지금도 화주와 물류 리소스를 디지털 매칭하는 비즈니스가 생기고 있다. '화물 운반을 원하는 화주와 원청 회사'와 '돌아가는 길에 화물을 확보하고자 하는 운송 회사'를 매칭할 뿐 아니라 '일시적으로 창고를 이용하려는 화주'와 '빈 공간이 있는 창고 보유자' '슈퍼마켓이나 레스토랑'과 '소비자'와 '빈 시간에 일하고 싶은 일반인' 등 다양하게 조합할 수 있다.

플렉스포트를 비롯한 디지털 포워더의 사업 규모는 꾸준히 성장하고 있다. DHL이 개발하는 로지스틱스 플랫폼도 화주와 물류 회사를 연계하는 포털 시스템이라고 해석할 수 있다.

이러한 디지털 매칭이 보급되면 물류 회사의 사업 환경에 중대한 영향을 미칠 것이다. 첫째, 지금까지 규모를 앞세워 매칭 서비스를 제공하던 기존 업체는 심각한 위협에 노출된다. 기존 포워더는 디지털 포워더의 존재를 과소평가해선 안 된다. 또한 디지털 매칭은 사람이 대응하는 것을 최소화한 비즈니스 모델이며 규모의 경제성이 강하게 적용되므로 물류 서비스의 종류나 제공 지역별로 과점화하는 전략을 짜야 한다. 화주는 과점적 지위를 얻는 데 성공한 사업자를 거쳐서 물류 업무를 위탁할 것이다.

극단적으로 말하자면 물류 서비스를 시스템화해 다양한 화주와 화물을 취급하는 데 성공한 일부 '로지스틱스 플랫포머'만이 고수익을 얻고 화주와의 직접적 접점을 잃은 대다수 물류 회사는 하청적 존재가 될 것이다. 물류 회사에게 로지스틱스 4.0가 불러온 사업 환경 변화는 커다란 위협이면서 비약적으로 성장할 수 있는 절호의 기회이다.

로지스틱스 플랫포머를 지향할 때 현재 매출 상황, 자금 유무, 사업 규모는 제약 사항이 아니다. 실제 일본 국내외 수많은 벤처기업이 이 천재일우의 기회를 놓치지 않으려 한다. 택배 사업을 시작했을 무렵 야마토운수의 매출액은 500억 엔도 되지 않았다. 그러나 정형·정액 서비스를 설계하고 운반 화물과 지역을 확대해 네트워크를 시스템화하고 전략적 투자를 함으로써 1조 엔을 뛰어넘는 규모로 성장했다.

로지스틱스 4.0으로 인한 변화를 간과하지 않고 물류 서비스를 목표로 하는 모습을 생생하게 그리고 그것을 이루기 위한 전략을 우직하게 실행하면 충분히 로지스틱스 플랫포머로 진화할 수 있을 것이다.

화주가 플랫폼을 주도한다면

로지스틱스 플랫포머

로지스틱스 플랫포머로서 목표 영역을 특정하려면 또 하나 기준이 있다. 그것은 화주 업계나 업종을 세분화하는 방법이다. 화주의 업계·업종이 다르면 취급 화물, 화물을 세는 법도 그 업종에서 사용하는 용어도 다르다. 반대로 업계·업종이 같으면 화물 취급법이나 출발지와 도착지 등이 같은 경우도 많다. 특정 업계·업종을 목표로 사업 규모를 확장하는 것은 물류 회사로서는 정석을 따르는 전략이라 할 수 있다.

미쓰이소코홀딩스는 구 산요전기의 물류 자회사와 소니의 물류 자회사를 매수함으로써 가전업계에서 과점적 지위를 얻었다. 가전 제조업체뿐 아니라 가전제품 판매점의 물류도 다룰 수 있다는 것이 장점이다. 여러 가전업체의 제품을 한 물류 센터에 보관하여 납품처인 가전제품 판매점의 물류 센터까지 한 트럭으로 공동 배송하면 영업 효율성이 향상된다.

그것은 가전제품 판매점도 마찬가지다. 여러 가전제품 판매점의 상품을 같은 물류 센터에 보관하고 브랜드가 다른 여러 점포에 공동 배송하면 하역 작업의 생산성 및 트럭 적재율을 높일 수 있다.

미쓰이소코홀딩스는 공동 보관·배송뿐 아니라 가전 제조업체와 가전제품 판매점의 재고를 같은 장소에 적재함으로써 물류비용을 절감했다. 가전 제조업체와 가전제품 판매점 중 하나가 미쓰이소코홀딩스의 물류 센터를 재고 보관 장소로 쓰면 가전 제조업체의 물류 센터에서 가전제품 판매점의 물류 센터로 제품을 운송할 필요가 없다. 주문받은 제품의 소유 명의를 변경하기만 하면 되기 때문이다. 운송 비용뿐 아니라 트럭에 화물을 적재하거나 내리는 작업 비용도 절감된다. 가전업계에서 제조업체 물류와 판매업체 물류 양쪽 다 높은 점유율을 차지하는 미쓰이소코홀딩스만이 할 수 있는 전략이다.

의약품 업계에서도 비슷한 움직임이 보인다. 스즈켄은 대규모 의약 판매 업체로 판매 물류에서 높은 점유율을 차지하고 있는데, 의약품 업체의 물류 업무를 위탁하는 3PL 사업자로서도 상위 3사에 들어간다. 즉 가전 물류 분야의 미쓰이소코홀딩스와 같은 위치다. 그 장점을 살려서 제조업체 물류와 판매업체 물류 양쪽의 터미널 기능을 동일 물류 센터에 집약하여 효율화를 이루었다. 제조업체에서 최종 납품처인 의료 기관까지 일체화함으로써 고품질을 보장하는 제품 관리에 성공한 것이다. 미쓰이소코홀딩스와 스즈켄은 특정 화주업계에서 '로지스틱스 플랫포머'의 지위를 확보했다고 할 수 있다.

물류 장비산업화는 속사적 분야에서 탈피하여 물류 외부화를 진행시킨다. 식품, 음료, 화학 등 아직은 상당수 대형 화주가 물류 기능을 사내에 둔 업계에서도 외부화하려는 움직임이 생기고 있다. 특정 화주 업계를 대상으로 로지스틱스 플랫포머라는 지위를 차지하려는 3PL 사업자에게 절호의 사업 기회가 도래한 것이다.

일본의 경우 장비산업화가 진행되는 업계에서 과점적 지위를 얻을 수 있는 플랫포머는 3~4개사 정도이다. 편의점(세븐일레븐, 패밀리마트, 로손 3사), 휴대전화 업체(NTT도코모, KDDIau, 소프트뱅크 3사), 식품 판매(미쓰비시상사 계열, 이토추伊藤忠상사 계열, 고쿠분国分 계열 3진영), 의약품 판매(메디파르홀딩스, 알프레사홀딩스, 스즈켄, 도호東邦홀딩스 4사)가 전형적인 예다. 물류 분야에도 과점화가 진행된 가전 물류(니혼통운과 미쓰이소코홀딩스 2사), 의약품 물류(미쓰비시창고, 히타치물류, 스즈켄 3사), 택배(야마토운수, 사가와큐빈, 일본우편 3사)도 예외가 아니다. 즉 상위 3~4개사에 들어가야만 살아남을 수 있으며 M&A를 비롯한 전략적인 투자도 염두에 두고 과감한 경영 판단을 해야 할 것이다.

공급망 플랫폼의 사회적 가치

특정 업계가 생산에서 판매·소비에 이르는 공급망 전체를 대상으로 많은 화주와 화물을 취급할 수 있게 되면, 로지스틱스 플랫포머는 물류의 효율과 품질을 끌어올릴 뿐 아니라 가치를 제공할 수 있게 된다. 예컨대 물류 기능을 제공하여 어떤 상품이 점포에서 판매량이 급속히 늘어나는 것을 실시간으로 확인할 수 있다고 하자. 그러면 제조업체에 그 정보를 전달해 생산량을 재빨리 늘려서 결품 발생을 막을 수 있다. 점포의 형태나 지역에 따른 판매액의 차이를 파악할 수 있으면 광고와 판매 촉진 행위를 강화해야 하는 유통 경로와 지역을 제안할 수 있다. 점포 판매가 높은 수준을 유지하더라도 납품처인 도소매 물류 센터에서 재고가 증가하는 추세라면 그 정보를 공유해서 생산량과 출고량을 적정하게 조절할 수 있을 것이다.

물론 물류 기능을 제공해서 파악한 정보를 활용할 때는 화주와의 계약 조건에 저촉하지 않는 것이 전제이다. 그 전제하에서 어떤 가치를 제공할 수 있을지 모색해야 한다. 한편으로 화주와의 계약 조건을 검토해 가지고 있는 정보를 여러 목적에 따라 활용하는 것도 생각할 수 있다. 또는 화주인 제조업체나 도소매 판매 사업자에게도 이점이 있는 시스템을 제안해서 적극적인 협력을 얻는 것이 중요하다.

소재·부자재 제조업체, 공급업체, B2C업체, 1차·2차·3차 도매상, 소매 판매 사업자 등이 계층적으로 다수 존재하여 수직 통합도가 낮은 업계나 업종에서 공급망 전체의 최적화를 꾀하기란 쉽지 않다. 공급망 프로세스가 계층별로 분리되어 있기 때문이다. 'SPA처럼 공급망 전체가 자사화되어 있지 않다' '소재·부자재 제조

도표 4-3 │ 공급망 전체 연결의 가치

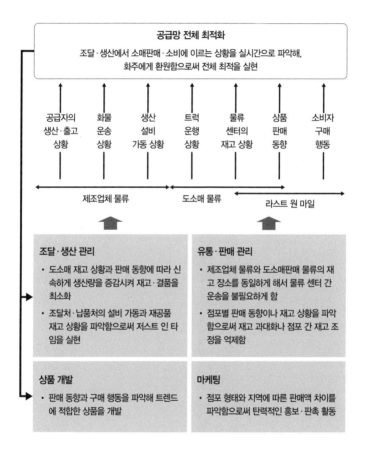

공급망 전체 최적화

조달·생산에서 소매판매·소비에 이르는 상황을 실시간으로 파악해,
화주에게 환원함으로써 전체 최적을 실현

| 공급자의 생산·출고 상황 | 화물 운송 상황 | 생산 설비 가동 상황 | 트럭 운행 상황 | 물류 센터의 재고 상황 | 상품 판매 동향 | 소비자 구매 행동 |

제조업체 물류   도소매 물류
                                    라스트 원 마일

조달·생산 관리
- 도소매 재고 상황과 판매 동향에 따라 신속하게 생산량을 증감시켜 재고·결품을 최소화
- 조달처·납품처의 설비 가동과 재공품 재고 상황을 파악함으로써 저스트 인 타임을 실현

유통·판매 관리
- 제조업체 물류와 도소매판매 물류의 재고 장소를 동일하게 해서 물류 센터 간 운송을 불필요하게 함
- 점포별 판매 동향이나 재고 상황을 파악함으로써 재고 과대화나 점포 간 재고 조정을 억제함

상품 개발
- 판매 동향과 구매 행동을 파악해 트렌드에 적합한 상품을 개발

마케팅
- 점포 형태와 지역에 따른 판매액 차이를 파악함으로써 탄력적인 홍보·판촉 활동

업체나 공급업체가 완성품의 판매 동향을 파악하지 못하고 있다' '개별 점포의 판매 상황이 제조업체와 공유되지 않는다'는 상태이기 때문에 전체 최적을 추구하기가 어렵다. 이런 상황은 과잉 재고나 폐기 손실, 결품, 재고 재배치와 같은 낭비가 발생하는 원인이 된다.

다시 말해 특정 화주업계를 기반으로 한 로지스틱스 플랫포머의 존재 가치는 조달·생산에서 판매·소비에 이르는 공급망 전체를 연결하는 것에 있다고 해도 과언이 아니다. 계층을 넘어 물류뿐 아니라 정보도 연결하는 시스템을 구축할 수 있다면 수직 통합도가 낮은 업계·업종에도 전제 최적을 실현하기 쉬워진다.

과점적 지위를 획득하여 살아남은 뒤에 찾아올 미래의 모습, 즉 공급망 전체의 최적화에 필요한 기능을 통합적으로 제공하는 '로지스틱스 플랫포머'로 진화할 수 있다면 '경제의 혈맥'으로서 커다란 사회적 가치를 창조할 수 있을 것이다. 〈도표 4-3〉

물류 외의 서비스까지

제조 업무도 맡는 물류 회사

물류 장비산업화를 눈여겨볼 때 로지스틱스 플랫포머라는 지위를 획득하여 규모의 이점을 최대한 얻으려는 전략은 합리적이다. 그런데 장비산업화가 진행된다고 해서 모두가 규모의 경제성을 기 축으로 싸우게 되는 것은 아니다. 특정 화주에게 '물류 회사이면서 물류 외의 운영 서비스도 제공'할 수 있다면 독자적 존재 가치를 발 휘할 수 있다. 조달·생산에서 판매·소비에 이르는 공급망의 전체 상을 파악하여 잠재 수요가 있고 자사만의 가치를 제공할 수 있는 영역을 발견하면 생존자로서의 미래를 만들어 나갈 수 있다. 〈도표 4-4〉

도표 4-4 | 물류+α의 방향성(사례)

산큐	물류+플랜트 건설·조업·관리·보전 지원
고노이케운수	물류+제품의 제조 지원
긴테쓰익스프레스	물류+수출입자 대행 및 구매대행
젠코	물류+반품·잔류 재고 재판매(조기 자금화 및 브랜드 가치 하락 위험을 억제)
야마토로지스틱스	물류+제품 회수·검사·세정·유지·보수 대행
아르바토	물류+재료 현지어화, 유통 채널과의 소통, 문의 처리

출처: 도이치반·다임러·프라운호퍼, 「미래 비전: 운송과 로지스틱스 2030」

일본 유수의 종합 물류 회사 산큐山九는 고객인 철강업체, 화학업체, 기계업체의 물류 기능을 도맡을 뿐 아니라 플랜트를 건설할 때의 기획·설계, 플랜트 장비·배관·구조물·운송 설비 조달·제작과 현지 운송, 현지에서의 설치공사 등의 업무도 취급한다. 플랜트 건설 후에는 플랜트로 운반되는 원료·부품과 플랜트에서 출고되는 제품의 운송 기능을 제공하는 것은 물론이고 구내물류와 조업 지원, 시설·설비의 관리·보전·보수 업무도 한다. 게다가 일본을 비롯한 아시아, 북미, 유럽과 같은 일본계 물류 회사가 어느 정도 자리 잡은 지역뿐 아니라 중동과 남미에서도 풍부한 실적을 갖고 있다. 즉 고객인 제조업체가 플랜트 건설·운용에 관하여 물류 회사와 상담할 수 있다는 말이다. 산큐는 이렇게 특이한 포지션을 확보하여 안정적 성장과 고수익을 달성했다.

대형 종합 물류 회사 고노이케鴻池운수는 고객인 제조업체의 제조 업무도 맡는다. 이를테면 식품공장에서는 원료 입고와 제품 보관·출고와 같은 물류 업무뿐 아니라 원료 조합, 용기 라벨 압착, 제품 패키징, 설비 점검 등도 한다. 또 화학품 공장에서는 원료·제품 검사, 특수 소각로나 수지제조설비 운전관리 등도 취급한다. '물류+제조'로 자사의 존재 가치를 높이는 데 성공한 물류 회사라고 할 수 있다.

일본에서 유명한 포워딩 업체 긴테쓰金鉄익스프레스는 편의상 수출입자가 되어 주는 대행 서비스와 수출 기업의 상품을 구입해 납품처인 수입 기업에게 대금을 지급받는 구매대행 서비스를 제공한다. 이런 서비스를 이용하면 비거주자 기업(수출자·수입자가 될 권한이 없는 기업)도 수출입을 할 수 있고 양쪽의 재고를 절감할 수도 있다. 관련 서류를 보관하거나 세관 조사와 같은 번거로운 업무에서도 해방된다. '물류+상류商流'로 화주의 부담을 더는 서비스를 만들어 낸 사례다.

미국의 3PL 사업자 젠코GENCO, 현재 페덱스 서플라이체인FedEx Supply Chain도 '물류+상류'로 자사만의 독특한 가치를 제공하는 업체다. 페덱스는 반품된 상품을 회수하여 필요에 따라 환불 처리하고 일반 상품이나 아웃렛 상품으로 재판매 가능한 물품을 선별하여 재포장·재출고하는 리버스 로지스틱스(환불 상품 취급 물류 센터)를 핵심 사업으로 한다. 원래는 작업을 대행하기만 했지만, 지금은 반품된 상품을 구매하는 서비스도 제공한다. 화주로서는 재판매에 드는 수고를 덜고 신속하게 자금을 회수할 수 있다.

한편으로 젠코 입장에서는 저렴하게 상품을 사서 비싸게 팔 수 있다면 물류 서비스를 제공하기만 했을 때보다 더 많은 이익을 얻을 수 있다. 리버스 로지스틱스의 최대 업체이자 반품된 상품의 시장 가격을 가장 잘 알고 있는 젠코이기에 가능한 비즈니스 모델이다.

젠코는 2015년 DHL, UPS와 어깨를 나란히 하는 페덱스에 매수되었다. 그리고 구매한 상품을 중국 등 신흥국에서 판매하게 되었다. 미국을 중심으로 글로벌 물류 네트워크를 보유한 페덱스는 신흥국과의 국제 간 운송은 수입품이 더 많아서 미국발 컨테이너에는 항상 빈 공간이 존재했다. 그러니 신흥국에 상품을 운송한다 해서 추가 비용이 발생할 일은 거의 없다. 또 화주는 자사의 판매 거점이 없는 신흥국에 재판매할 수 있다면 브랜드 가치가 하락할 위험이 감소한다. 젠코는 페덱스 산하에 들어감으로써 화주에게 새로운 가치를 제공할 수 있게 되었다.

최근 젠코는 반품된 상품뿐 아니라 잔류 재고 구매에도 나섰다. 크리스마스 시즌에 팔리지 않은 재고를 구매해서 중국의 설(보통 2월)에 판매하려고 상품을 사들이는 중국의 사업자에게 재판매하여 고수익을 얻고 있다. 리버스 로지스틱스가 중심인 물류 회사가 아니라 반품이나 잔류 재고를 적정하게 처리하고 조기에 자금화하는 상사商社 같은 존재로 전환한 사례다.

야마토홀딩스의 그룹사인 야마토로지스틱스는 임플란트, 카테터(도관), 인공장기, 내시경과 같은 의료기기를 판매·대여하는 업체를 대행해 일괄 관리하는 로너 지원 서비스를 실시한다. 업체의 지시에 따라 해당 기기를 출고·배송하고 회수·검사·세정·유지·

보수와 같은 관리 업무에도 원스톱으로 대응한다.

따로 설비와 인력을 갖추지 않아도 되는 것, 회수·검사·세정·유지·보수가 한 거점에 집약됨으로써 재고 수량과 재출고에 이르는 리드타임을 절감할 수 있는 점, 야마토 그룹의 물류 네트워크를 이용해 신속하게 배송되는 점을 어필하는 '물류+관리' 외주 서비스다.

독일 최대의 미디어 기업 집단 베르텔스만Bertelsmann의 그룹사로 운영 아웃소싱 서비스 제공업체인 아르바토Arvato는 물류 회사로서의 측면도 갖고 있다. 1950년대에 출판물을 보관하고 배송하는 서비스를 시작하고 가전, 가구, 완구, 화장품, 식품, 음료 등으로 취급 품목을 확대해 왔다.

아르바토의 장점은 물류 기능만 제공하지 않고 취급설명서나 팸플릿을 현지어로 번역하고 유통 채널과의 소통, 최종사용자의 문의도 처리한다. 최소한의 리소스 투입으로 유럽에 상품을 판매하고 유지하고 싶은 사업자에게 필요한 운영 기능을 전부 확보할 수 있는 셈이다. 실제로 일본계 대형 소비재 제조업체도 이 회사의 서비스를 이용한다. '물류+현지화'로 아르바토만의 서비스 모델을 창출할 수 있었던 사례이다.

파이 싸움을 넘어 사업 확대로

'물류+α 운영 아웃소싱 서비스'로 독자적 가치를 제공하는 데 성공한 모든 업체가 자신이 지향하는 모습이 있었고 톱다운 방식으로 새로운 비즈니스 모델을 구축한 것은 아니다. 화주의 다양한 요구 사항을 적절하게 대처하다 보니 '물류+α'의 아웃소싱 서비스를 창출하게 된 경우도 적지 않다. 이런 사실을 생각할 때 '물류+α' 방식으로 살아남고자 한다면 물류 범위를 넘어선 수요에도 긍정적으로 대처하여 새로운 가치를 창출하는 것이 중요하다.

그렇지만 특정 화주의 요구 사항에 개별 대응하기만 해서는 사업 기회를 능동적으로 확대할 수 없다. 그때마다 맞춤형으로 '물류+α' 서비스를 처음부터 설계한다면 손이 많이 가고 전략적 투자를 실행하기 어렵기 때문이다. 따라서 타깃 영역에서 여러 화주의 공통된 수요를 파악해 어느 정도 범용성이 있는 기본 서비스를 설계·구축함으로써 '물류+α'의 가치를 확립하는 것이 대단히 중요하다. 타사보다 먼저 사업화해서 진입장벽을 높여 선행 주자의 이익을 극대화해야 한다.

예컨대 산큐는 플랜트 설계와 유지·보수 등 특별한 기능을 지닌 인재를 채용·육성하고, 플랜트 기기·배관·구조물·운송설비를 제작할 수 있는 공장을 운영함으로써 경쟁 우위를 확보했다. 고노이케운수는 제조 기능을 담당하는 인재를 채용·육성하고 각종

제조 인허가를 얻어서 '물류+제조' 업무 범위를 확대하는 데 성공
했다.

긴테쓰익스프레스와 젠코는 '물류+상류' 서비스를 재빨리 사업
화해 많은 거래정보를 축적했다. 그로써 대금 회수와 반품 재판매
에 따르는 위협 요소를 정확하게 파악하고 그에 맞는 가격을 설정
했다. 야마토로지스틱스와 아르바토는 +α의 서비스를 제공하는 데
필요한 설비투자를 함으로써 그들만의 가치를 홍보할 수 있었다.

결국 물류+α 운영 아웃소싱 서비스로 살아남기 위해 가장 중요
한 것은 '선수를 치는 것'이다. '물류+α' 서비스를 시작한 계기는 화
주의 요구 사항에 부응하기 위해서라 해도 개별 대응에 급급하지
않고 그 뒤에 있는 잠재 수요를 파악하고 전략적 투자를 통해 서비
스 모델을 먼저 창조하는 것이 중요하다.

+α의 가치를 능동적으로 키워서 물류 이외의 수익을 늘리면 물
류 장비산업화에 따른 영향을 적게 받을 수 있다. 로지스틱스 플랫
포머를 지향할 때보다는 '사업 규모는 작아도 고수익'이라는 생존
의 길을 찾기 쉬울 것이다.

덧붙여 일본처럼 물류 시장이 성숙한 국가에서도 '물류 회사 간
파이 싸움'이 아니라 사업 확대를 이룰 수 있다. 물류 회사이면서
물류 범위를 초월한 존재가 되는 것이다. '물류+α'가 아니라 물류도
제공 기능 중 하나에 지나지 않는 '운영 아웃소싱 서비스 업체'로

진화하여 새로운 비즈니스를 창출한다면 물류 사업 환경에 휘둘리지 않고 성장할 수 있을 것이다.

기계를 판매하는 물류 회사

수익의 저변을 확대하는 방법들

지금까지 물류 현장에는 다양한 기계와 시스템이 활용되어 왔다. 트럭과 컨테이너 선박 등 운송기기뿐 아니라 자동 창고와 컨베이어 등의 장비 조종기기, TMS와 WMS 등의 물류 관리 시스템 등 다양한 기계·시스템이 존재한다. 그중 상당수는 각종 기기 제조업체, 소프트웨어 업체가 개발·제조한 것이지만 물류 회사가 자체 개발한 것도 있다. 그리고 일부 물류 회사는 자체 개발한 기계·시스템을 외부에 판매해서 수익을 얻는다. 〈도표 4-5〉

대형 종합 물류 회사 세이노홀딩스는 자회사 세이노정보서비스를 통해 자사가 개발한 물류 관리 시스템을 외부 판매한다. 가장 큰 장점은 거의 모든 시스템을 온프레미스(사내 설비로 정보 시스템을 운용하는 것)뿐 아니라 클라우드 서비스로도 제공하는 것이다.

최근 들어 물류업계에서도 클라우드 서비스를 이용하는 예가 늘고 있다. 세이노홀딩스의 자회사이므로 물류업계에서 다양한 네

세이노홀딩스 (세이노정보서비스)	물류 관리 시스템
산큐 (인포센스)	물류 관리 시스템
콰이어트 로지스틱스 (로커스 로보틱스)	협동 로봇

트워크를 보유한 세이노정보서비스는 이 변화를 재빨리 알아차리고 클라우드형 물류 관리 시스템의 선구자가 되는 데 성공했다. 기업 간 물류에 있어 일본 최대의 취급량을 자랑하는 세이노그룹의 데이터센터를 활용하여 클라우드 서비스의 비용 경쟁력을 높인 것도 중요한 점이다.

세이노정보서비스가 제공하는 물류 관리 시스템 중 상당수는 세이노그룹에서 실제로 사용하는 것이므로 사용자 편의가 충분히 고려되어 있다. 예컨대 세이노의 TMS 클라우드 아스피츠CLOUD ASPITS는 물류 회사의 배송 관리자, 트럭 운전기사, 발화주(화물을 발송하는 화주), 착화주(화물을 받는 화주)에게 필요한 기능을 전부 제공하여 정보를 공유하는 데 드는 수고를 줄여 준다. 스마트폰과 태블릿 PC 로 배송 관리를 할 수 있으므로 신규 단말기를 구입하거나 설치하는 비용이 들지 않는다. 운전기사에게 스마트폰이나 태블릿 PC를 통해 배송 지점까지의 최적 경로가 안내되므로 배송처가 갑자기 늘어나거나 경험이 별로 없는 사람이 할당되어도 배송 효율과 품질을 보장할 수 있다.

세이노의 WMS 클라우드 슬림스CLOUD SLIMS는 입출고, 재고 관리, 검수, 포장, 송장 인쇄와 같은 창고 내 운영을 효율화하고 품질 향상에 필요한 다양한 운용 기능을 제공한다. 로트번호나 로케이션 관리를 유연하게 변경할 수 있고 장비 조정 기기나 핸디터미널 시스템과 연결시킬 수도 있다. 여러 거점의 통합 관리, 재고나 작업자 배치 분석과 같은 운영 기능도 갖추고 있다. 물류 현장의 경험을 축적해 온 세이노그룹은 다양한 기능성을 발휘할 수 있었다.

산큐도 자회사 인포센스를 통해 WMS를 중심으로 한 물류 관리 시스템을 외부 판매하고 있다. 산큐의 WMS 지저이어ZIZAIA의 장점은 도입 기업의 특성에 따라 자유롭게 맞춤형으로 서비스를 제공할 수 있다. 유효기간이나 색깔·크기 등 특정 업계·업종에만 필요한 상품관리 기능을 조합할 수 있을 뿐 아니라 재고형과 통과형, B2B와 B2C가 혼재하는 경우에도 대처할 수 있다. 도입 요건에 맞추어 단말 조작 화면 레이아웃을 바꿀 수도 있다. 물류 센터의 운영에 관해 광범위한 실적을 쌓은 산큐그룹이기에 가능한 일이다.

인포센스는 모회사 산큐와 마찬가지로 고객의 요구 사항에 대응하는 과정에서 사업 영역을 확장했다. 현재 RFID, 핸디터미널, 음성인식 단말기와 같은 선진 시스템 도입도 지원하고 있다. 인사 · 급여 · 취업 관리 · 정보보안 대책 · BI툴 business intelligence tool(기업 내에 축적된 많은 데이터를 경영 의사 결정에 활용하는 시스템)이나 RPA robotic process automation(정형적 사무 작업을 자동화하는 시스템) 활용과 같은 물류와 직접적으로 관련이 없는 솔루션을 개발하고 제공한다. 시스템 외부 판매를 통해 산큐그룹의 다각적 성장에 기여한다고 할 수 있다.

미국의 풀필먼트 업체 콰이어트 로지스틱스는 출고 과정의 노동생산성을 높이기 위해 원래 선반 운송형 로봇 키바를 사용했다. 그런데 2012년 키바의 제조기업 키바 시스템이 아마존에 인수되어 더 이상 키바를 사용할 수 없게 되었다.

이런 상황에서 콰이어트 로지스틱스는 수작업에 의존했던 기존 운영 방식으로 돌아가지 않았다. 다른 기업으로부터 다른 로봇을 공급받지도 않고 독자적인 로봇을 개발하는 길을 택했다. 그 결과 스핀오프로 로커스 로보틱스를 설립해 협동 로봇인 로커스봇을 상용화했다. 아마존이 키바 시스템을 인수하지 않았다면 로커스봇이 개발되지 않았을지 모른다.

로커스봇은 지금까지 전 세계에서 가장 많이 사용되는 협동 로봇이다. 식스리버 시스템, 페치 로보틱스, HRG와 같은 로봇 개발·제조를 핵심 사업으로 하는 업체보다 많은 도입 실적을 갖고 있다. 기술적 차이는 차치하더라도 도입하기 쉬운 점, 사용자 편의성이 높은 점이 로커스봇이 채택되는 이유다. 출고 현장을 잘 알고 있고 선반수송형 로봇을 사용했던 경험도 있는 콰이어트 로지스틱스의 제품 특성이다.

물류 회사 제작품이라는 가치

세이노홀딩스(세이노정보서비스), 산큐(인포센스), 콰이어트 로지스틱스(로커스 로보틱스)는 모두 물류 회사로서의 비즈니스를 기반으로 기계나 시스템을 제공해서 새로운 성장을 이루었다. 물류 분야에서 IoT, AI, 로보틱스와 같은 차세대 기술을 활용하는 예가 앞으로 점점 확대될 것을 생각하면 기계·시스템을 개발·제조해서 시행할 사업 기회도 늘어날 것이다. 물류 기계·시스템의 통합 공급업체가 되어 성장할 잠재 기회가 크다는 말이다.

물류 기계와 시스템을 제조하는 것은 고도의 기술력을 보유한 업체만이 가능하다고 생각할 수도 있다. 물론 트럭과 컨테이너 선박 등 운송 기계, 자동 창고로 대표되는 각종 작동 조정 기기는 전문업체가 개발·제조해야 한다.

그러나 차세대 기술을 활용하는 것은 다르다. 최첨단 기술일수록 아무도 사용한 적이 없다. 소비재처럼 사용방법이 간단하거나 직관적으로 사용할 수 있는 것도 아니다. 현장에 도입해서 운용해보고 그에 따른 투자 대비 효과가 나지 않거나 투자 대비 효과가 있다고 판단되어야 누군가 사 갈 것이다. 성능만 좋으면 팔리는 것이 아니라는 말이다. 로커스봇처럼 물류 회사가 제작한 시스템이 전문업체가 만든 것보다 경쟁력이 강한 것은 결코 예외 사례가 아니다.

대부분의 물류 회사는 그게 무엇이든 기계·시스템을 사용하고 있다. 단순히 사용하기만 하지 않고 여러 기계·시스템을 조합하거나 회사 사정에 맞추어 만들거나 자체 개발하는 물류 회사도 적지 않다. 이런 기계·시스템을 외부에 판매할 수는 없을까? 외부 판매용으로 발전시킬 수는 없을까? 가능성을 과소평가하지 않고 물류기계·시스템 통합 공급업체로서의 미래를 만들 수 있다면 로지스틱스 4.0에 의한 차세대 기술 활용 범위를 확대하여 자사를 성장시킬 수 있을 것이다.

외부 리소스 활용의 중요성

비연속 성장이 필요하다

로지스틱스 플랫포머로서 살아남으려면 특정 물류 서비스를 기반으로 하든 특정 화주 업계를 기반으로 하든 과점적 지위를 얻어야 한다. 물류의 장비산업화를 고려하는 데 자본집약적 비즈니스로 전환하기 위한 전략적 투자도 필요하다. 결국 그 나름의 사업 규모가 없으면 살아남기 힘들다.

'운영 아웃소싱 서비스 업체'와 '통합 공급업체'을 지향한다면 사업 규모와 상관없이 이기는 길을 찾을 수 있다. 그렇지만 운영 아웃소싱 서비스 업체는 +α의 가치를 확립해야 한다. 통합 공급업체라면 물류 기계·시스템 개발 기능을 보유해야 한다. 즉 물류 바깥에서 제공 가치와 기능을 강화해야 한다는 말이며 로지스틱스 플랫포머를 지향할 때와는 다른 걸림돌이 존재한다.

다시 말해 어떤 생존의 미래를 선택한다 해도 비연속 성장을 이루어야 한다. 기존 사업의 연장선상이 아니라 새로운 미래를 만들어야 하는 것이다. 매출액이 1조 원을 넘는 대형 물류 회사라 해도 혼자서는 도저히 이루기 힘든 미래이다. 바로 그래서 로지스틱스 4.0 시대에 살아남으려면 외부 리소스의 전략적 활용이 필수적이다. M&A를 비롯한 연합 전략을 실행하지 않으면 미래에 물류 회사로서 살아남을 수 없다고 생각해야 한다.

외부 리소스를 활용해 성장

일본 최대의 3PL 히타치물류는 히타치제작소의 물류 업무를 맡아서 쌓은 제조업체 물류의 노하우를 사업 기반으로 삼는 한편, M&A를 전략적으로 실행해 사업 영역을 확장해 왔다. 2006년부터 10년간만 봐도 시세이도물류 서비스(시세이도의 물류 자회사), 오리엔트로지(우치다요코內田洋行의 물류 자회사), DIC로지테크(DIC의 물류 자회사), 다이렉스(호맥의 물류 자회사), 반테크(자동차 부품을 중심으로 한 종합 물류 회사) 등을 매수했다.

이렇게 많은 기업을 매수하지 않았다면 7천억 엔을 넘는 현재의 매출 규모에 이르지 못했을 것이다. 의약품, 화장품, 자동차 부품 등의 업계에서는 특히 제조업체 물류 영역에서 독보적인 점유율을 얻었다. 영업 이익률은 4퍼센트 정도로 일본 물류업계의 평균 이상이다. M&A를 통해 매출과 이익 신장을 달성했다고 할 수 있다.

2016년 히타치물류는 사가와큐빈그룹의 지주회사 SG홀딩스와의 전략적 자본업무 제휴를 발표했다. 이 제휴는 양사의 경영통합을 고려했다고 보인다. 3PL 업계 1위 히타치물류와 택배업계 2위 SG홀딩스의 경영통합은 일본의 물류업계 최대 규모의 대형 안건이다. 예정대로 실행된다면 훗날 물류업계 재편의 방아쇠를 당겼다는 평가를 받을 것이다.

또한 2018년에는 중국에서 일본으로 가는 해상 운송에서 일본 국내 유수의 취급량을 보유한 중견 포워딩 업체 AIT와의 자본업무 제휴, IoT 솔루션 제공을 핵심 사업으로 한 테크놀로지 벤처 우후 루와의 업무 제휴를 각각 체결했다.

2019년에는 자사의 물류 센터에서 전자상거래 사업자를 중심으로 한 여러 화주가 공동 이용하는 것, 초기비용이 필요 없는 종량 과금 모델로 입출고·보관·포장 등의 서비스를 제공하는 것, 자동화 설비를 도입해 기존 작업보다 50퍼센트 이상 소인화될 것을 콘셉트로 한 '공유형 플랫폼 센터'를 개설할 예정이다.

SG홀딩스와의 경영통합이 실현된다면 니혼통운과 야마토홀딩스에 필적하는 일본 최대 규모의 종합 물류 회사가 될 텐데도 그 자리에 안주하지 않고 비즈니스 모델을 발전시키려 하고 있다. 외부 리소스를 적극적으로 활용하는 것은 하루라도 더 빨리 발전해야 살아남을 수 있다는 위기 의식에서 비롯된 것이다.

히타치물류뿐 아니라 니혼통운이나 미쓰이소코홀딩스 같은 대규모 종합 물류 회사도 M&A를 통해 물류 자회사를 그룹화했다. 물류의 외부화를 향한 움직임이 확대되고 있는 상황을 감안하면 화주의 물류 기능을 도입하는 것은 사업 기반을 확충하기에 효과적이다.

앞으로는 히타치물류와 SG홀딩스처럼 대형 물류 회사 간 경영 통합에 대한 검토가 업계 전체에 퍼질 수도 있다. 예전의 은행업계가 그랬듯이 눈사태를 맞고 재편성될 가능성도 있다. 과감한 의사 결정을 내리지 않는다면 물류업계 내의 상대적인 경쟁력이 떨어질 것이다.

연합 상대가 꼭 물류 회사일 필요는 없다. 히타치물류처럼 테크놀로지 벤처와의 제휴를 통해 새로운 혁신 창출에 도전하는 방법도 있다. +α의 가치로서 상류商流 기능을 확보하거나 강화하고 싶다면 도매 판매 사업자와 손을 잡는 것도 생각해 볼 수 있다. 물류 기계·시스템을 외부 판매하고 싶다면 제조업체나 판매 대리점과의 연계가 유력한 선택지 중 하나이다. 로지스틱스 플랫포머, 운영 아웃소싱 서비스 업체, 통합 공급업체가 되는 모습을 구체적으로 그려 보고 제공 가치를 명확하게 규정한 뒤 손을 잡아야 할 상대와 방식을 전략적으로 판단해야 한다.

물류업계 재편이 이루어지면 펀드나 종합상사 같은 투자 회사와의 합작이 늘어날 수도 있다. 투자 회사로서는 그에 상응하는 투자기회와 수익을 기대할 수 있기 때문이다. 해외에서는 펀드가 여러 물류 회사를 매수해서 사업 규모를 확대하고 경영 자원을 통합해 기업 가치를 높이는 방식으로 막대한 매각 이익을 얻고 있다.

또 일본에서는 편의점이나 식품 도매상처럼 종합상사와 자본 관계를 기축으로 그룹화가 이루어질 수도 있다. 물론 출자를 받는 물류 회사의 입장에서는 경영권을 잃을 수도 있지만 혼자서는 이룰 수 없을 만큼 성장할 수도 있다. 로지스틱스 4.0 시대에 살아남으려면 경영의 독립성에 집착하지 않는 것도 중요하다.

물류 분야에서의
인프라 보너스란?

경제의 혈맥이라고도 불리는 물류 시장의 규모는 원래 GDP(국내총생산)와 정비례한다. 그러므로 일본처럼 안정적인 나라에서는 물류 시장이 성장하기 기대하기가 어렵지만 지금도 예외적으로 변화가 일어나는 분야가 있다. 전자상거래의 급속한 확대다. 원래 점포에서 판매되었던 상품이 택배로 소비자의 집 앞까지 배달되면 GDP는 증가하지 않아도 물류 시장은 그만큼 커진다. 물류 시장에는 또 하나 예외적인 변화가 있다. 고도 경제 성장기인 지역에서는 GDP 성장에 인프라 정비가 뒤따르지 못해 물류 시장의 성장세가 일시적으로 둔화된다. 그러나 그 뒤 도로, 철도, 항만, 공항 등이 정비되면 물류 시장은 폭발적으로 커진다. 이것이 바로 인프라 보너스다. 신흥국을 타깃으로 물류 비즈니스를 해외 진출하려 한다면 인프라 보너스가 시작되는 시기를 노리는 것도 방법이다.

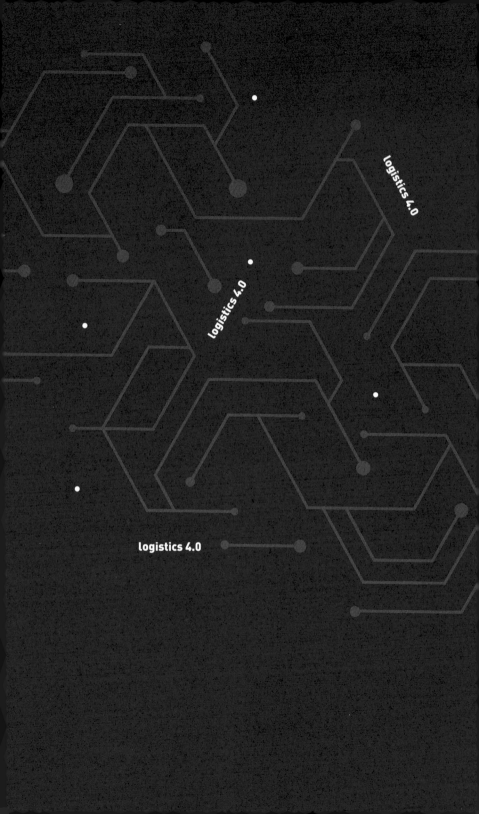

아마존의 네트워크

logistics 4.0

logistics 4.0

logistics 4.0

logistics 4.0

로지스틱스 4.0은 물류 장비산업화를 초래한다. 물류 회사의 사업 환경을 180도 바꿔 놓는 셈이다. 로지스틱스 플랫포머, 운영 아웃소싱 서비스 업체, 통합 공급업체 등 로지스틱스 4.0 시대를 고려한 비즈니스 모델로 발전한 물류 회사는 비약적으로 성장할 것이다. 반면 변화에 적응하지 못하고 기존 노동집약적 비즈니스 모델을 고수한 물류 회사는 경쟁에서 낙오될 것이다. 약진의 발판으로 삼을 것인가, 도태 위협에 노출될 것인가는 물류 회사에 달려있다.

그전까지 물류 서비스를 이용하는 화주, 물류 기계·서비스를 제공하는 제조업체나 개발자가 보기에는 노동집약적 성격이 강한 물류 비즈니스는 매력이 별로 없는 업계였다. 진입장벽은 낮지만 속인적 노하우와 속사적 시스템에 대처해야 하며 수익률이 높지 않기 때문이다. 물류 장비산업화는 이 상황을 근본부터 바꾸어 놓는다. 자본집약적 비즈니스가 되면 전략적 투자를 단행해 경쟁 우위를 점유할 수 있다. 플랫포머라는 지위를 얻으면 그에 따른 투자 회수를 하기 쉬워진다.

물류업계는 원래 노동집약적이었기 때문에 플랫포머로서 과점적 지위를 얻는 데 성공한 사업자는 한정되어 있다. 택배 사업을 비롯한 일부 영역을 제외하면 과점도가 낮고 다수의 사업자가 존재한다. 그러므로 물류 회사에서 로지스틱스 플랫포머로 진화하는 것은 생존 경쟁에서 승리하는 유력한 방안이 될 수 있다. 화주나 제조업체에게는 커다란 사업 기회라고 할 수 있다.

아마존의 물류 혁신

로지스틱스 4.0 화주의 요건
화주는 물류 서비스를 이용하는 주체이지만 모든 물류 기능을

도표 5-1 | 물류 비즈니스에서의 새로운 사업 기회

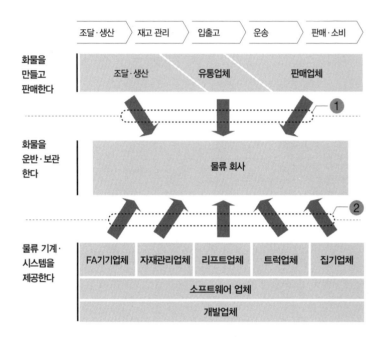

① 화주에 의한 물류 비즈니스 전개
② 제조업체 및 개발자에 의한 물류 비즈니스 전개

외부에 위탁하는 것은 아니다. 현장 작업은 전부 위탁처에 맡기지만 관리 업무는 사내에 남겨 두거나 트럭은 전부 외주를 주지만 물류 센터는 자사가 보유하는 화주도 적지 않다. 그중에는 물류 자회사를 보유한 화주도 있다. 자사용 물류 기능을 외부에 제공하면 새로운 수익 기회를 얻을 수 있다. 그러므로 외부 판매 비율을 높이는 데 성공한 물류 자회사는 '화주에 의한 물류 비즈니스 전개'에 성공한 사례라고 할 수 있다. 그 점을 보면 현재 일본 최대 규모의 3PL 사업자 히타치물류, 일본 유수의 저온 물류 회사(신선식품이나 가공식품이 생산자에서 소비자 단계까지 이르는 동안 모든 유통 과정을 각 품목의 선도보존에 적당한 온도로 저온 관리하는 물류 회사 ─ 옮긴이) 큐소유통시스템(큐피의 물류 자회사), 식품 제조업체 5개사의 물류 기능을 집약·통합할 때 이용하는 아지노모토물류 등은 물류 자회사의 모범생으로 평가받는다.

그렇지만 속사적 분야에서 탈피하는 움직임이 진행되는 것을 생각하면 물류 기능을 사내에 보유하는 것은 경제합리성 측면에서 뒤떨어지는 방법이다. 히타치제작소는 히타치물류와 SG홀딩스의 전략적 자본업무 제휴를 체결해 히타치물류에 대한 출자비율을 59퍼센트에서 30퍼센트로 낮추었다. 큐피의 큐소유통시스템에 대한 출자비율은 도쿄증권거래소 제1부에 상장한 이후, 약 45퍼센트까지 떨어졌다. 아지노모토는 아지노모토물류 주식의 95퍼센트 이상을 보유했었지만 카고메, 닛신오일리오그룹, 닛신후즈, 하우스

식품그룹 본사의 물류 기능을 집약·통합할 때 주식 비율을 크게 떨어뜨렸다. 히타치제작소, 큐피, 아지노모토는 정도의 차이는 있지만 물류 외주화로 방향 전환했다고 할 수 있다.

결국 물류를 경쟁력의 원천으로 하지 않는 화주 입장에서는 외부 판매로 수익을 얻어서 회사 전체의 이익에 공헌했다 해도 물류 기능을 반드시 사내에 보유할 필요가 없다. 경영효율 극대화가 요구되는 사업 환경에서 굳이 물류 기능에 전략적 투자를 실행해 물류 비즈니스를 통해 나름의 수익을 올리려는 화주는 물류가 핵심인 업체에 한정된다고 봐야 할 것이다. 아마존은 그 대표적 존재라 할 수 있다.

아마존의 세계 시장 점유율

로지스틱스의 미래를 생각할 때 아마존의 존재를 무시할 수는 없다. 가까운 미래에 세계 최대의 물류 회사가 되리라고 충분히 예상할 수 있기 때문이다. 아마존은 전자상거래 사업으로 수익을 내는 기업이 아니다. 기업용 클라우드 인프라 서비스인 AWS Amazon Web Services가 이익의 원천이다. 아마존 매출액에서 AWS의 비율은 10퍼센트에 불과하지만 영업 이익을 기준으로 하면 무려 100퍼센트가 넘는다. 즉 전자상거래를 중심으로 한 AWS 외의 사업 합계는 적자라는 말이다.〈도표 5-2〉

도표 5-2 | 아마존의 사업별 실적 구성(2017년)

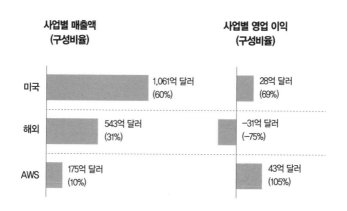

사업별 매출액
(구성비율)

사업별 영업 이익
(구성비율)

	매출액	영업 이익
미국	1,061억 달러 (60%)	28억 달러 (69%)
해외	543억 달러 (31%)	-31억 달러 (-75%)
AWS	175억 달러 (10%)	43억 달러 (105%)

출처: 아마존의 기업 발표 자료를 근거로 작성

클라우드 인프라 서비스 업계에서 아마존의 존재감은 독보적이
다. 아마존의 세계 시장 점유율은 34퍼센트로 2위인 마이크로소프
트 Microsoft, 3위인 IBM, 4위인 구글을 합친 수치보다 크다. 〈도표
5-3〉 북미뿐 아니라 유럽, 아시아태평양, 남미 등 지역별 시장 점유
율을 봐도 1위를 차지한다.

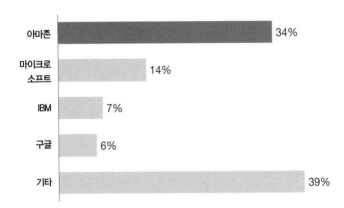

출처: Synergy Research Group, 「Cloud Infrastructure Services—Market Share」

AWS는 왜 이렇게 고수익과 높은 시장 점유율을 확보할 수 있을까? 그것은 비용 경쟁력이 엄청나게 강하기 때문이다. 경쟁사는 클라우드 인프라 서비스를 제공하기 위해 서버 시스템을 구축했으므로 설비 투자로 인한 이용료를 청구해야 한다.

그러나 AWS는 자사의 전자상거래 사업을 위해 구축된 거대한 서버 시스템의 '비어 있는 공간'을 타사에 제공하면 된다. 전자상거래 사업으로 설비 투자 비용을 어느 정도 회수하고 있으므로 클라우드 인프라 서비스 사업의 비용 구조가 타사와는 근본부터 다르다. 실제로 AWS는 과거 10년간 60회 이상 가격 인하를 했지만 수익성은 높은 수준을 유지하고 있다.

AWS의 장점은 저렴한 가격만이 아니다. 가상 서버, 스토리지, 릴레이셔널 데이터베이스Relational Database(2개 이상의 데이터베이스 또는 테이블을 연결하기 위해 고유한 식별자를 사용하는 데이터베이스—옮긴이), 데이터 웨어하우스 등 IT 인프라를 구축하는 데 필요한 기능이 갖추어져 있으므로 고객이 원하는 사항을 제공할 수 있다.

보안 대책도 탄탄하다. ISO27001(정보보호 인증의 국제 표준)과 PCIDSS Payment Card Industry-Data Security Standard(지불카드 보안 표준)과 같은 정보 보안 관련 인증을 취득했고 디도스DDOS 공격(여러 대의 컴퓨터가 특정 시스템이 소화할 수 없는 규모의 접속 통신량을 한꺼번에 일으켜 서비스 체계를 마비시키는 일종의 사이버 테러)에 대한 보호 서비스와 가상 프라이빗 클라우드도 제공한다. 보안 대책 비용이 매년 증가하는 것 때문에 정보 누출을 막기 위해 자사 서버에서 AWS로 데이터를 이관한 기업도 적지 않다. 미쓰비시UFJ파이낸셜그룹은 일본의 초대형 은행 가운데 최초로 클라우드를 본격 활용하기 위해 AWS를 채택했다. 아마존의 견고한 보안 수준을 엄밀히 검토해 판단한 것임에 틀림없다.

아마존의 물류 네트워크

AWS는 전자상거래 사업을 위해 투자된 서버 시스템을 외부 판매함으로써 고수익을 거두는 비즈니스 모델이다. 전자상거래 사업을 통해 축적된 '고객의 요구 사항에 빈틈없이 대응해 서비스 수준을 높여 가는 스타일'은 AWS에도 활용된다. 이런 식으로 비용 경쟁력과 높은 서비스 수준이라는 두 마리 토끼를 잡는 데 성공했다. AWS에서의 성공 경험은 다른 사업의 이익원을 만들 때도 활용될 것이다. 물류 비즈니스가 가장 유력한 후보다.

물류 센터에 기반을 둔 아마존의 물류 네트워크는 AWS와 마찬가지로 전자상거래 사업을 위해 투자된 자산이다. 아마존은 자동화와 기능 확충을 점차적으로 추진하고 있다. 전 세계에서 이미 200개 이상의 물류 센터를 보유하고 있고 총 면적은 2천만 제곱미터에 달한다. 아마존은 그 상당수를 자사가 운영하며 선반 운송형 로봇 드라이브를 총 10대 도입했다. 사업이 더욱 확장되리라고 예상해 거점 네트워크를 정비하고 최첨단 기술을 야심차게 도입해서 세계에서 가장 효율적인 창고 운영을 구축하려는 것이다.

아마존이 물류 센터와 로봇만 보유한 것은 아니다. 미국에는 이미 수천 대 규모의 자사 트럭을 운용하고 있다. 2015년부터는 일반 개인에게 택배 업무를 위탁하는 아마존플렉스Amazon Flex를 시작했다. 드론을 활용한 택배 서비스 상용화도 도전하고 있다. 일본에서는 택배 업무의 주요 위탁처인 야마토운수가 가격을 인상한 이후, 딜리버리 프로바이더라는 명칭의 지역 배송업자를 이용하는 경우를 전략적으로 늘렸다. 아마존은 라스트 원 마일조차 자사의 통제 하에 놓음으로써 '상품을 적절한 시점에 배달하지 못할 위험'에 대처하는 능력을 강화했다.

장거리 운송에 관해서도 위와 같은 움직임이 보인다. 항공 수송의 경우 자사 전용 화물기를 40기 대여해서 단계적으로 운용을 확대하고 있다. 해상 수송은 북미·중국 간에 무인 선박 운송NVOCC, Non-Vessel Operating Common Carrier의 사업 승인을 취득했다. 즉 아마존은 물류 서비스를 제공하는 데 필요한 자산을 전문 물류 회사 이상 보유하고 있다.〈도표 5-4〉

아마존의 입장에서 물류는 AWS와 동급인 상황이라고 해도 과언이 아니다. 전자상거래 사업을 위해 투자된 물류 네트워크를 외부 판매하면 충분히 비용 경쟁력을 발휘할 수 있다. 드라이브를 도입한 물류 센터의 효율적 운영, 예측 발송으로 대표되는 전자상거래 사업을 통해 쌓은 출고·배송 시스템은 기존의 물류 회사 이상의 기능성을 갖고 있다. 또한 키바 시스템을 인수한 뒤, 아마존은 드라이브를 타사에 판매하지 않기로 했다. '제품 판매'가 아니라 물류 서비스라는 '행위 판매'로 수익을 얻겠다는 전략 때문일 것이다. 아마존이 '세계 최대 물류 회사가 되는 날'은 그리 멀지 않아 보인다.

도표 5-4 | 아마존의 물류 리소스

창고 로봇을 활용해 소인화된 물류 센터를 전 세계 2백 개 이상 설치

드론 배송 시스템 실증 실험을 시작

일반 개인에게 택배 업무를 위탁하는 아마존플렉스를 시작

고도의 수요 예측을 바탕으로 출고·배송 최적화 자사 화물기를 40대 도입

자사 화물기 40기 도입

Amazon

미국에서는 수천대 규모의 자사 트럭을 운용

북미·중국 간의 NVOCC 사업 승인 취득

출처: 아마존의 회사 발표 자료를 근거로 작성

아마존의 탄탄한 로지스틱스

아마존의 창업자이자 지금도 CEO로서 아마존을 경영하는 제프 베조스Jeff Bezos는 '아마존은 로지스틱스 컴퍼니'라고 공언했다. 그러나 '로지스틱스 컴퍼니=물류 회사'라고 생각하면 아마존의 전략

을 잘못 판단할 수 있다. 로지스틱스의 어원은 '병참'이다. 기업 활동으로 말하자면 물류를 포함한 공급망 전체를 병참으로 해석해야 한다. 전자상거래 사업을 위해 투자한 자산을 병참으로 백 퍼센트 활용한다. 그것은 '서버시스템'이자 '물류 네트워크'인데 또 하나 아마존이 타사에는 없는 규모의 자산을 보유한 것이 있다. 바로 '고객 정보'다.

아마존만큼 '누가 무엇을 샀는가' 하는 정보를 축적한 기업은 없다. 다양한 상품을 폭넓게 취급하고 있으므로 특정 개인의 구매 경향을 파악할 수 있다. 일반 소매업자는 알 수 없는 메일 주소나 주소와 같은 개인정보도 축적하고 주문이 올 때마다 업데이트된다. 아마존은 일대일 마케팅을 이루기 직전 상태이다.

물론 아마존도 '아마존을 이용할 때' 외의 정보를 파악하기는 어렵다. 구매한 사람에 관해서는 알 수 있지만 구매하기까지의 과정이나 결과적으로 구매하지 않은 사람은 추적할 수 없다. 진정한 일대일 마케팅을 달성하려면 '현실에서 고객의 동향을 추적해 아마존이 축적한 개인정보와 연계해야' 한다. 그래서 스마트 스피커 아마존 에코를 판매하고 무인 편의점 아마존 고를 출점한 것이다. 가상세계와 현실의 정보를 융합할 수 있으면 사용자에게 추천 상품을 제안하는 추천 기능의 정확성을 높일 수 있고 매력적인 PB 상품을 개발할 수도 있다. 전자상거래 사업이 더욱 진화하고 성장하려면 한층 깊이 있는 고객 정보를 얻기 위해 전략적 투자가 필요하다.

앞으로 고객 정보가 충분히 축적되면, 아마존과 경쟁하지 않는 업체나 광고대리점 등에 일대일 마케팅을 위한 데이터 플랫폼 서비스를 제공할지 모른다.

고대 지중해를 장악했던 로마는 병참으로 승리했다고 하는데 아마존은 '현대의 로마'라고 할 수 있다. 전략적 투자를 타사보다 앞서 실행해 고객의 요구 사항에 폭넓게 대응함으로써 전 세계적으로 최대 점유율을 확보했다. 공급망 최적화에 필요한 병참을 인프라로 제공하는 로지스틱스 컴퍼니다. 서버시스템도 물류 네트워크도 고객 정보도 아마존이 제공하는 '로지스틱스 서비스'의 메뉴라고 생각해야 한다.

아마존은 창업 이래 매출을 꾸준히 확대해 2017년 12월기에는 1,700억 달러를 넘어섰다. 과거 5년간의 연평균성장률은 24퍼센트로 이 규모의 기업으로는 압도적으로 높은 수준이다. 그러나 순이익률은 겨우 1.7퍼센트이다. 과거에는 적자인 해도 있었다.〈도표 5-5〉그리고 창업한 뒤 지금에 이르기까지 한 번도 배당금을 지급해 이익을 환원하지 않았다. 이익금을 항상 사업의 미래에 재투자하고 있기 때문이다. 병참을 인프라로서 확립할 날까지 우직하게 전략적 투자를 계속하는 것이야말로 아마존의 진정한 강점이다.

도표 5-5 | 아마존의 실적 추이

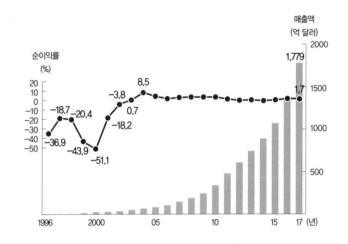

출처: 아마존의 회사 발표 자료를 근거로 작성

선행 주자로서의 아마존

아마존은 병참으로 제공하는 기능을 정비할 때 자전주의自前主義 (자사의 자원과 기술만을 이용해 제품을 만든다는 방침)를 고수한다. AWS처럼 과 감한 설비투자를 통해 타사의 추적을 용납하지 않은 압도적 경쟁 력을 갖추겠다는 전략이다. 키바 시스템처럼 타 업체를 인수해 필 요한 기능을 확보하거나 강화하기도 한다. 스마트폰으로 비유하자면 앱이나 액세서리 외의 거의 모든 하드웨어, 소프트웨어를 자사 제품으로 만드는 아이폰과 같은 방식이다.

그렇다면 화주인 사업자가 물류 비즈니스를 전개하려고 할 때 반드시 자전주의를 따라야 하는가 하면 그렇지는 않다. 안드로이드처럼 의도적으로 대부분의 기능을 타사에게 개방하는 방식도 있다. 아스쿠르의 마케팅 플랫폼 로하코 마케팅랩 LOHACO EC Marketig LAB 이 대표적인 예이다.

아스쿠르는 사무용품 통신판매로 일본 최대 규모의 지위를 쌓았다. 2012년부터는 B2C 인터넷 판매 서비스 로하코를 설립해 적극적으로 사업 영역을 확대했다. 아스쿠르의 장점은 사명의 유래처럼 '주문한 다음 날까지 배송'을 타사보다 앞서 실현한 것이다. 대도시 근교에 대형 물류 센터를 설립하는 등 그 가치를 제공하기 위해 전략적으로 투자해 왔다. 그 점에서 보면 물류 비즈니스를 하기에 적합한, 물류를 핵심 가치로 둔 화주라 할 수 있다.

아스쿠르는 통신판매 사업자이므로 '누가 무엇을 사는가'라는 정보를 축적할 수 있다. 아마존만큼은 아니지만, 특정 개인의 구매 경향을 파악할 수 있다는 말이다. 고객 정보를 사내에 축적한 데이터 플랫폼 서비스를 외부 판매해 새로운 수익원을 얻을 수도 있다. 그러나 아스쿠르는 마케팅랩을 설치해서 빅데이터를 참여 기업들과 공유하는 길을 택했다.

마케팅랩에 참여한 기업은 아스쿠르의 고객 데이터, 구매 데이터, 상품 페이지에 접속한 기록, 문의와 리뷰 데이터, 배송 데이터 등을 자유롭게 이용할 수 있다. 참여 기업도 데이터를 제공할 의무가 있으며 그 데이터는 경쟁사 간에 데이터를 공유함으로써 새로운 마케팅을 공동 창조하려는 것이다.

예컨대 한 세정용품 업체는 마케팅랩에서 얻은 데이터를 분석해 오프라인 매장과 온라인 상점에서는 용기 디자인을 달리하는 편이 좋다는 점을 깨달았다. 오프라인 매장에서는 상품을 눈에 띄게 하기 위해 제균 효과나 악취 제거 기능 같은 점을 내세워야 한다. 그 결과 일상생활과 동떨어진 디자인이 되고 말았다. 그러나 전자상거래 사업에서는 용기 디자인으로 승부할 필요가 없다. '집 안에서 어디에 어떻게 놓이는 물건이 되는가'를 기준으로 디자인을 전면 검토해 로하코에서의 판매를 10배 이상 늘리는 데 성공했다. 집 안에서 시선이 가는 곳에 놓일 수 있게 해서 재구매율을 대폭 높인 것이다.

기업들의 공동 창조 작업도 늘어났다. 예컨대 동시 구매 비율이 높은 상품을 대상으로 공통 패키지 디자인을 도입하거나 묶음 구매 할인가격을 설정하는 등 협업 기획이 실시되었다. '자사의 상품'이 아니라 '고객이 보기에 공통점이 있는 상품'을 조합해서 구매 의

욕을 높이는 것이다. 이런 모든 시도가 판매 확대로 이어지는 것은 아니지만 성공 사례뿐 아니라 실패 사례도 포함해서 참여 기업들이 정보를 공유하고 PDCA 사이클(plan 계획→do 실행→check 검토→act 개선 4단계로 이루어지는 업무 진행 모델 - 옮긴이)을 가속화해 일개 기업으로는 이룰 수 없는 수준의 전체 최적을 실현하는 것이다.

2014년 개설되었을 때 마케팅랩에 참여한 기업은 12곳에 불과했다. 아마 경쟁사에도 정보가 공유된다는 점 때문에 참여를 망설인 기업도 있었을 것이다. 그러나 지금은 100개사 이상의 기업이 참여하고 있다. 정보를 공유한다는 위험 요소보다 보상이 더 크다고 생각하는 기업이 증가한 것이 아닐까. 마케팅랩의 오픈 플랫폼으로서의 가치가 사회적으로 인지된 결과라 할 수 있다.

아스쿠르는 마케팅 외에도 외부 리소스를 적극적으로 활용한다. 예컨대 배차계획의 정확도를 높이기 위해 마케팅랩에도 프렌드십 파트너로 참여한 히타치제작소의 인공지능을 활용한다. 물류센터의 화물을 내리는 장소 예약, 트럭 도착 접수, 운전기사 확보에 관해서는 출자처 하코부의 시스템을 도입했다. 출고 과정 자동화를 위해서는 무진과 업무 제휴를 체결해 로봇의 기술개발·검증·도입을 추진하고 있다. 자전주의를 고수하는 아마존과는 정반대 전략으로 플랫폼을 구축한다.

아스쿠르로서는 아마존이라는 선행자가 있는 이상, 다른 전략을 선택할 수밖에 없었을지도 모른다. 아마존만큼 자금력이 없는 것은 틀림없는 사실이기 때문이다. '자전주의로는 이길 수 없기에 탄생한 오픈 플랫폼'이라는 측면도 있지 않을까?

하지만 자전주의로 선행한 기업이 꼭 과점적 지위를 얻는 것은 아니다. 안드로이드는 아이폰보다 후발주자이지만 지금은 아이폰을 능가해 70퍼센트 이상의 점유율을 확보하고 있다. 스마트폰처럼 다양한 수요가 상정되는 모바일 단말기 판매에서는 안드로이드처럼 많은 업체가 참가하는 컨소시엄을 조성해 다양한 라인업을 제공하는 것이 '시장 점유를 최대화하는 핵심'이었을 것이다. 다시 말하면 클라우드 인프라 서비스에 대한 수요가 획일적이었기 때문에 AWS는 뛰어난 비용 경쟁력과 기능성을 기반으로 시장 점유율에서 이길 수 있었다.

그러면 물류 네트워크나 고객 정보에 관한 수요는 다양성이 있다고 할 수 있을까? 아마 비용, 대상 범위, 리드타임, 정보량과 같은 기본 요건을 바탕으로 서비스 이용을 판단하는 사용자가 많을 것이다. 그렇다면 선행 주자로서 규모의 이점을 극대화하는 아마존이 유리하다. 한편으로 개별 대응을 중시하는 사용자도 적지 않을 것이다. 물류 네트워크 분야라면 화주의 업계·업종이나 상품 특성별로 다른 수요가 있다. 고객 정보 면에서도 단순히 정보만 얻으면 되는 것이 아니라 맞춤형 서비스나 협업이 필요한 업체도 있을 것이다. 아마존의 존재는 위협적이지만 그와 다른 미래를 창조할 수 있다면 충분히 승부할 여지가 있다.

새로운 물류 비즈니스의 의미

당연한 말이지만 물류를 핵심 가치로 두기 때문에 모든 화주가 물류 비즈니스에서 새로운 수익을 내기 위해 도전할 필요는 없다. 또 도전해도 수익이 나지 않을 가능성이 있다. 물류 비즈니스가 본업인 물류 회사끼리도 경쟁을 해야 한다. 그러므로 '가령 기대한 만큼 수익이 나지 않아도 물류 비즈니스를 계속할 의미는 있다'는 결론을 내릴 수 있는지가 중요하다.

아마존처럼 본업을 강화하기 위해 투자한 자산을 외부 판매하는 경우라면 기대한 만큼의 수익이 나지 않아도 대단한 손실이 생기진 않는다. 예컨대 제조물류 소매업체를 표방하는 니토리는 누구나 손쉽게 살 수 있는 가격 설정과 고품질·고기능을 양립하기 위해 제조에서 판매에 이르는 모든 물류를 자사에서 처리하고 있는데, 효율성을 높이기 위해 자사의 자산을 이용한 물류 비즈니스를 시작했다. 이미 타사의 물류 업무를 위탁하고 있으므로 가령 수주를 얻지 못해도 그 자산을 자사에서 사용하면 되기 때문에 자산에 투자하는 것은 낭비가 아니다. 물류를 자전화하고 본업이 성장하리라고 판단되면 낮은 위험으로 물류 비즈니스를 시작할 수 있다.

또 하나는 아스쿠르의 마케팅랩처럼 많은 기업·사용자를 참여하게 하기 위한 도구로 활용한다면 직접적으로는 수익이 나지 않아도 큰 문제가 되지 않는다. 예컨대 라쿠텐은 자사의 온라인몰 라쿠텐시장에 출점한 업체에게 입고·보관에서 출고·배송에 이르는 물류 업무를 일괄 대행하는 물류 서비스 '라쿠텐 수퍼 로지스틱스'를 제공한다. 물론 그에 상응하는 수익을 얻겠다는 의도도 있지만 출점자가 판매촉진을 위한 기획·실행에 집중할 수 있고 세일 기간에도 파동 대응에 시간을 빼앗기지 않게 되므로 라쿠텐시장의 매력이 커져서 더욱 많은 고객을 얻을 수 있다면, 그것만으로도 물류 비즈니스를 하는 의미가 있다. 요는 물류 비즈니스를 본업의 미끼로 삼을 수 있다면 수지를 다소 도외시한 의사 결정을 할 수 있다.

아무튼 화주가 물류 비즈니스에 도전하는 것이지 물류 회사로 전환하는 것이 목적은 아니다. 그렇다면 '자사의 화물이 있다' '본업에서 얻는 수익이 있다'라는 화주 특유의 상황을 최대한 활용한 물류 비즈니스 모델을 실행해야 한다. 그렇지 않으면 로지스틱스 플랫포머로 진화한 물류 회사와 싸울 수 없다. 물류 회사에도 '물류+α의 운영 아웃소서'라는 생존 방향성이 있듯이 화주라는 +α를 경쟁력의 원천으로 한 물류 비즈니스를 창조하는 것이 중요하다.

로지스틱스의 전도유망성

물류를 통한 행위 판매

'상품 판매'에서 '행위 판매'로 전환하려는 제조업체와 개발업체가 보기에 물류는 신규 비즈니스를 전개하기 적합한 유망 영역이다. 운반·하역·포장·수배와 같은 물류의 기본 운영은 '인간이 거의 개입할 필요가 없는 인프라적 기능'이 되므로 속인적 노하우를 보유하지 않은 제조업체와 개발업체도 물류 서비스를 제공할 수 있기 때문이다. 자본집약적 비즈니스가 되면 전략적 투자를 통해 사업 기반을 확충하기도 쉽다. 덧붙여 물류 서비스는 효율·품질 등 성과를 수치화할 수 있으므로 '행위 판매'로서의 가치를 청구하기도 그만큼 쉽다는 특징이 있다. 실제로 일부 제조업체와 개발업체는 물류 기계·시스템을 판매하는 것이 아니라 물류 서비스로 제공하는 것을 검토·실행하고 있다. 트럭 업체가 화물을 운송해 기계 제조업체나 개발업체가 물류 센터를 운영하는 날이 올지도 모른다.

자율주행 트럭의 사업 영역

자율운행 트럭 상용화는 트럭 업체의 비즈니스 모델에 강력한 영향을 미친다. 첫째, 트럭의 선정 기준이 크게 변하기 때문이다.

트럭을 조달할 때 사용자인 물류 회사나 화주 중 상당수는 가격을 중시하며 구입 차량을 선정한다. 차량 본체 가격은 물론이고 연비와 유지·보수비도 얼마나 저렴한지 고려한다. 용도에 따라서는 최대 적재량, 최고출력, 최대 회전력, 브레이크 성능, 거주성도 비교 검토했다. 다만 일본에서는 주요 업체 간 가격이나 성능에 큰 차이가 없으므로 기존 거래 업체에게 트럭을 구입하는 일이 많았다.

자율주행 트럭이 되면 가격과 성능뿐 아니라 자율주행 기능성도 고려 대상에 들어간다. 완전히 무인은 아니라도 운전하지 않아도 되는 범위가 확대되면 운전기사를 채용하기 쉽다. 인력 부족에 시달리는 지금, 트럭 소유자가 보기에는 비용을 들일 만한 가치가 있는 기능이다. 미래에 운전자가 필요 없어질 것을 생각하면 TMS를 비롯한 물류 관리 시스템과의 접속성, 화물을 싣는 운송 수단의 추적 기능성도 중시될 수 있다. 즉 트럭 업체로서는 새로운 기능을 갖추어야 한다는 말이다. 자율주행 상용화를 계기로 트럭 업체 간의 시장 점유율이 크게 달라질 가능성도 있다.

또 하나의 논점으로 '트럭 판매에 대한 위험성'에 눈을 돌려야 한다. 자율주행 중 사고가 일어나면 정비 불량이 원인이어도 그것을 입증하지 못하는 한 '운전자=제조업체'의 책임이 된다. 그러므로 많은 트럭 업체는 트럭을 판매하지 않는 방침을 세울 것이다.

트럭을 팔지 않고 대여 방식으로 제공하고 반환되었을 때 정비하면 사고 위험을 최소화할 수 있기 때문이다.

실은 트럭 업체가 보기에 '트럭을 팔지 않는 회사'로 전환하는 것은 결코 나쁜 이야기가 아니다. 딜러의 이익원이 되는 AS 사업을 확보하게 되기 때문이다. 트럭 가동과 정비 상황을 완벽하게 추적할 수 있으면 그 정보를 신차 개발에도 활용할 수 있다. 트럭을 대여 방식으로 운용하면 자산 과대화, 현금흐름 악화라는 최대의 문제점이 생기지만 리스회사와 협의해서 오프밸런스화(대차대조표에 계상된 자산 압축)을 꾀할 수도 있다.

다임러, 볼보, 스카니아와 같은 유럽의 대형 트럭 제조업체는 '트럭을 팔지 않는 회사'로 전환하는 것을 추진 중이다. 정비공장을 매수하고 리스회사와 제휴하는 등 구체적인 안도 실행했다. 이처럼 트럭 업체라면 트럭을 팔지 않는 회사로 전환하는 것도 선택지 중 하나로 두고 자율주행이 보급된 이후의 비즈니스 모델을 창조해야 한다. 〈도표 5-6〉

한편 용차(傭車)를 '운전기사+트럭'이라고 해석한다면 자율주행 트럭 대여는 용차와 동등한 운송 서비스를 제공하는 것이나 마찬가지다. 운전기사가 운전하는 트럭에 비해 안전성과 연동성이 높다는 점을 생각하면 용차 이상의 가치가 있는 운송 서비스라고 할 수

도표 5-6 | '트럭을 팔지 않는 회사'가 될 때의 사업 영역

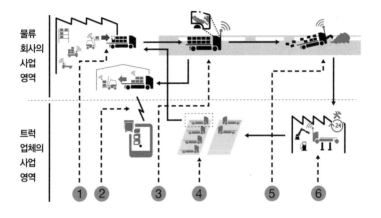

- ① 창고 로봇, 무인 지게차에 대응
- ② 센서 시스템으로 트럭에 적재 중인 화물을 단품 관리
- ③ 트럭 주행 상황을 원격 관리(물류 회사의 TMS에 접속)
- ④ 트럭을 임시로 사용할 수 있는 공유 및 매칭 서비스
- ⑤ 자율주행 시의 사고에 대응하는 업체 보증
- ⑥ 24시간 유지·보수 서비스 제공

있다. 트럭 업체가 '트럭을 팔지 않는 회사'가 되면 용차를 제공하는 중소 운송 회사로서는 어느 날 갑자기 트럭 제조업체가 경쟁사로 돌변하는 셈이다. 아직 닥치지 않은 미래이긴 하지만 그 점이 상당한 영향을 미칠 것을 생각하면 중소 운송 회사는 자율주행이 상용화된 세상에서 살아남을 방향성을 생각해야 한다.

용차를 이용하는 원청 대형 물류 회사로서는 위탁처가 중소 운송 회사에서 트럭 제조업체로 바뀔 뿐이다. 그러나 자사보다 사업 규모가 큰 트럭 업체의 자산을 이용하게 되므로 위탁처와의 역학 관계가 뒤집힐 우려가 있다. 장기적으로는 트럭 업체가 원청 기능을 맡게 될 수도 있다. 용차를 이용하는 대형 물류 회사도 자율운행 상용화라는 혁신이 자사의 비즈니스 모델에 어떤 영향을 미칠지 생각하면서 그 변화를 주시해야 한다.

기기 제조업체의 사업 영역

물류 센터에서 사용되는 각종 물류기기 제조업체가 보기에 이런 상황은 사업을 확장하기에 적합한 기회이다. 전자상거래 시장이 더욱 성장할 것은 확실하며 물류 센터의 입출고 작업은 분명히 증가하고 있다. 반면 일본을 비롯한 선진국은 인력 부족에 시달리고 있으므로 소인화를 달성시킬 물류기기의 필요성이 날이 갈수록 커지고 있다. 속인적 노하우를 기반으로 한 운영 방식을 고수하던 대형 물류 회사조차 물류 센터의 자동화를 주도하는 조직을 신설했다. 도쿄에서 격년 실시되는 아시아 최대급 물류 전시회 국제 물류 종합전에서도 로봇을 전시하는 부스가 눈에 띄게 늘어났다.

로보틱스화의 최대 타깃은 자동 창고 이용에 적합하지 않고 소량 화물이 많아서 일손이 많이 필요한 전자상거래나 점포 출고용 물류 센터다. 창고 로봇뿐 아니라 팰리타이저, 디팰리타이저, 자동 포장기, 웨어러블 시스템과 같은 물류 기계·시스템에 대한 수요도 적지 않다. 투자 대비 효과가 있는 제품을 개발·제조할 수 있다면 그에 상응하는 수주를 얻을 수 있을 것이다.

투자 대비 효과를 얻을 때 사람이 하는 지금의 작업 순서를 '기준'으로 삼지 않고 기계만이 할 수 있는 작업 순서를 생각하는 것도 일종의 혁신이다. '작업자가 선반까지 출고하는 상품을 가지러 가는 과정'을 '로봇이 선반 통째로 상품을 운반하는 과정'으로 바꾼 선반 운송형 로봇 키바는 그 점에서 획기적이었다.

또한 사람이 잘 하지 못하는 작업에서 기계가 더 잘하는 가치를 창조하는 것도 중요하다. '무거운 화물을 운반한다' '냉동 창고에서 작업한다' '24시간 쉬지 않고 가동한다'와 같은 기계의 장점을 활용한 작업 대체는 물론이고, 자라에서 검토 중인 순회 로봇처럼 시설 내 정보를 빠짐없이 수집·기록함으로써 공급망 전체를 효율화하고 상품 기획의 정확도를 높일 수도 있다. 그렇게 되면 고가의 기계여도 투자 대비 효과를 얻을 가능성이 커지므로 사업화를 구상할 때 작업 대체 이상의 가치를 창출할 수 있기 때문이다.

물류 센터에서의 로봇 사용은 아직 극히 일부 시설에 불과하지만 과거에 지게차가 그랬듯이 순식간에 보급될 가능성이 있다. 양산화가 이루어지면 생산 비용이 대폭 절감될 것이다. 지게차가 연간 백만 대 이상 생산되는 점을 생각하면 로봇 시장의 잠재력은 결코 작지 않다.

또한 로봇 사용은 물류 센터 내부에 국한되지 않는다. 극단적으로 말하자면 '인간이 직접 물건을 운반하는 작업'을 전부 대체할 수 있다. 공장이나 점포, 호텔, 사무실에서 사용하는 것도 상정된다. 자율주행식 배달 로봇 스타십 로봇처럼 집까지 화물을 배달해 주게 될지도 모른다. '낮에는 음식 배달, 밤에는 호텔에서 룸서비스' '평일은 공장에서 출고 작업, 휴일은 점포에서 순회 작업' '한여름에는 청량음료, 크리스마스 전에는 완구 물류 센터'와 같이 시기에 따라 사용 장소를 바꾸는 것도 생각할 수 있다. 즉 범용적 로봇을 개발해 다양한 장소에서 사용할 수 있게 하면 양산 효과를 높일 수 있다는 것이다.

그러면 지금 당장 범용적인 로봇을 개발해야 하는가 하면 꼭 그렇지만은 않다. 용도를 한정해 탑재 기능을 최소한으로 하면 그만큼 개발·제조비용을 줄일 수 있다. 지금은 아직 널리 보급되지 않았고 누구나 사용법을 알고 있지 않은 단계이다. 그러니 일단은 특정한 장소에서 사용한다고 전제된 로봇을 개발해 운용 방법을 확립하고 투자 대비 효과를 명확하게 나타내는 것이 중요하다고 생각할 수도 있다.

선반 운송형 로봇은 전용성이 높고 공장이나 점포에서 사용되는 협동 로봇은 상대적으로 범용성이 높다. 어느 쪽으로 갈지는 타깃 영역에서의 잠재적 시장 규모, 차세대 기술 전망, 자사의 보유 리소스와 차별화 등을 바탕으로 판단해야 한다.

현재 자동차업계에서는 새로운 비즈니스 키워드로 MaaS Mobility as a Service(자동차 등의 이동수단을 필요할 때만 요금을 지불해 사용하는 서비스)가 주목받고 있다. 차량 공유 서비스가 급속히 확대되면서 앞으로의 자율주행 시대에는 자동차를 개발·제조하는 것보다는 이동 서비스를 제공하는 쪽으로 가치의 원천이 옮겨 가리라고 보이기 때문이다. 자율주행 시대가 되면 택시도 공유 차량이 될 것이다. 운전기사가 필요 없어지면 택시 운임은 크게 낮아져 대다수 사람은 차를 '소유'하지 않고 자율운행 택시를 이용할 것이다. 이런 식으로 '이동하고 싶은 사람'에게 '이동 수단'을 제공하는 서비스는 폭발적으로 성장할 것이다.

앞으로 범용적인 로봇이 다양한 장소에서 사용되면 같은 변화가 일어나진 않을까? 아마도 물건을 운반해 주길 원하는 회사에 로봇을 제공하는 서비스가 실시될 것이다. 필요할 때 필요한 만큼 이용할 수 있다면 로봇은 '사는 것'이 아니라 '이용하는 것'이 된다. 임시직이나 아르바이트를 활용함으로써 인건비를 변동비화하는 것과 같은 발상이다. 인건비에 성과급이 있듯이 택배 개수나 매출 증

도표 5-7 | RaaS 시대의 로봇 공유 비즈니스

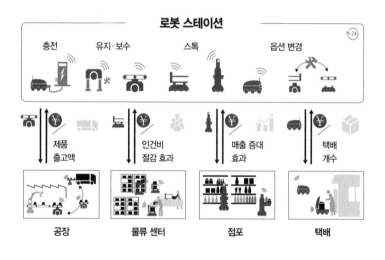

가 효과와 같은 성과에 따라 비용을 지불하는 요금체계를 만들 수도 있다. 〈도표 5-7〉

즉 양산화나 범용화가 된 다음에는 RaaS Robot as a Service가 실현된다는 말이다. 다양한 곳에서 사용되는 로봇을 통해 그 주변 정보를 흡수할 수 있다면 그곳에서의 효율적으로 로봇을 운용할 뿐 아니라 상품의 재고 배치와 입출고량을 수정하는 공급망 전체 최적화를 이루는 솔루션을 제공할 수 있을 것이다. '로봇 사업화 실현'을 당면한 전략 목표로 삼는 한편, RaaS 시대를 고려한 미래의 비즈니스 모델을 창조해 적절한 시점에서 '행위 판매'로 전환하는 것이 중요하다.

소프트웨어 업체의 사업 영역

물류 장비산업화는 소프트웨어 업체에 두 가지 비즈니스 기회를 제공한다. 하나는 단순히 소프트웨어가 필요한 기회가 증가한다는 점이다. 지금까지 인력으로 진행해 온 과정이 기계·시스템으로 전환되면 그에 맞는 관리 시스템이 필요해진다. WMS와 TMS 등의 물류 관리 시스템 시장은 꾸준히 성장할 것이다.

또 하나는 소프트웨어에 기반을 둔 신규 물류 비즈니스가 창출된다는 점이다. 화주·화물이 전제된 물류 비즈니스의 백그라운드를 보유하지 않은 벤처가 e마켓 플레이스 형태로 구화구차 매칭에 도전하고 있다. 국제적 디지털 포워딩 업체 플렉스포트도 물류 비즈니스라는 배경이 없는 스타트업이다. 또는 물류 비즈니스 백그라운드가 없기 때문에 물류 회사의 상식에서 벗어난 비즈니스 모델을 창조할 수 있었는지도 모른다. 그렇다면 일반 소프트웨어 업체에도 적지 않은 비즈니스 기회가 있을 것이다.

물류 관리 시스템은 물류와 직접 관련이 없는 다양한 기능 및 정보를 집어넣어 발전해 왔다. 앞으로는 디지털 매칭과 일체화가 이루어질 것이다. 화주·화물과 물류 리소스의 현재 정보, 출고나 배차 계획뿐 아니라 교통정보나 기상예보, 자원·원자재 시장가격, 지역별·경로별 판매 실적, 최종사용자의 상품 선호, 수출입 관세, 항만·공항 관계 사용료 등의 변화도 빅데이터로 집어넣을 수 있다면 로지스틱스의 모든 것을 최적화할 수 있다. 〈도표 5-8〉

물류 센터에서의 작업량은 몇 시간 전까지 정확하게 예측되고 적정하게 보완되기 때문에 임시직이나 로봇을 적절하게 확보할 수 있다. 출고 시점은 정확하게 관리되고 트럭은 그 직전에 도착하기 때문에 물류 센터 가까이에 트럭 대기소를 마련할 필요도 없다. 납품처까지의 리드타임도 정확하게 예측되어 트럭은 예정시간에 화물을 배달할 수 있다. 정체가 예상될 경우에는 출고 시점을 앞당긴다.

항만에서의 운영도 실시간으로 추적할 수 있다. 현재 도쿄항에서는 트레일러가 컨테이너를 몇 시간을 기다려야 하면 그 때문에 주변 도로가 정체되기도 하지만 미리 인수 시간을 지정할 수 있게 되면 항만 부근에서 대기할 필요가 없다. 트레일러의 현재 위치 정보를 추적하여 각 차량의 도착 시점에 맞춰서 컨테이너를 재배치함으로써 인수 작업 시간을 단축할 수도 있다.

자원·원자재 조달처는 시장가격 변동에 따라 자동 수정될 것이다. 상품의 생산량이나 재고량은 지역별·경로별 판매 실적과 최종 사용자의 상품 선호를 바탕으로 수정된다. 수출입은 물류비뿐 아니라 관세와 항만·공항 관련 사용료도 추가해 최적 경로, 운송 수단이 선택된다.

다시 말해 모든 정보가 연계되어 최적화되면 화주가 보기에 완벽한 로지스틱스가 선별된다. 화주는 물류 관리에 인력을 투입할 필요가 전혀 없다.

그것은 물류 회사도 마찬가지다. 보관·하역과 운송 운영이 자동적으로 최적화된다. 임시직이나 로봇, 트럭 등의 투입량을 필요한 만큼만 최소한으로 억제할 수 있다. 즉 물류 비즈니스의 수익성을 자동으로 향상하는 도구라고 할 수 있다.

그런 한편으로 물류 회사는 시스템의 등장을 파괴적 위협으로 인식해야 한다. 이 시스템이 완성되면 화주는 모든 물류 관리를 시스템에 맡길 가능성이 있기 때문이다. 그렇게 되면 물류 회사는 시스템에 의해 자동 선택될 것이다. 디지털로 평가 가능한 '규격화된 물류 서비스'만을 제공하는 존재로 전락할 위험이 있다. DHL은 그 때문에 물류를 통합 관리할 수 있는 로지스틱스 관리 시스템을 개발해 선택받는 측이 아니라 선택하는 측에 서려고 하는 것이다.

소프트웨어 업체로서는 이러한 시스템을 구축하는 것은 큰 비즈니스 기회라 할 수 있다. 물류업계의 윈도우가 될 수 있으니 말

도표 5-8 | 모든 정보를 연결하여 전체 최적을 달성

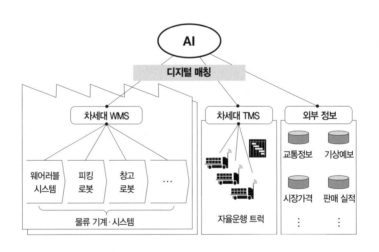

이다. 그래서 시스코가 DHL과 함께 「로지스틱스와 사물인터넷」을 발표하지 않았을까? 미래의 새로운 플랫폼 비즈니스를 창조하기에 적합한 영역이기 때문이다.

물류 부동산의 사업 영역

물류 시설 개발업체(물류부동산 회사)는 애초부터 물류업계에 새로운 비즈니스를 창조했다고 할 수 있다. '소유와 이용의 분리'라는 과거에 없었던 개념을 적용했기 때문이다. 예전에 물류 시설은 일반적으로 소유자가 운용했다. 다시 말해 소유와 이용이 일체화되어 있었다. 따라서 재고를 놓은 공간을 늘리고 싶으면 자사에서 물류 센터를 세우거나 물류 센터의 소유자 겸 운용자인 물류 회사(창고업자)에 재고 관리를 위탁해야 했다.

세월이 흘러 자사가 소유한 물류 센터 관리를 물류 회사에 위탁하는 화주가 늘어났다. 즉 운용 분리를 선택한 것이다. 그러나 화주도 아니고 물류 회사도 아닌 제삼자가 물류 센터를 세우고 소유하는 경우는 없었다. 그러므로 여러 화주·물류 회사가 입거하는 것을 상정한 복합대여 방식의 대형 물류 시설은 거의 존재하지 않았다.

물류 시설 개발업체는 이 상황에 새로운 바람을 일으켰다. 일본에서는 2000년 이후 프로로직스ProLogics를 비롯한 외국계 개발업체의 진출을 계기로 복합대여 방식 대형 물류 시설이 급속히 증가해 지금은 신설되는 물류 센터의 절반을 차지한다. 다이와하우스, 미쓰이부동산, 오릭스, 미쓰비시상사와 같은 다양한 배경을 가진 일본계 기업도 사업에 진출했다. 물류 센터의 바닥 면적은 운용 효율성과 어느 정도 비례한다는 점을 생각하면 개발업체에 의한 대형 물류 시설 개발은 물류 전체의 효율화에 기여했다고 볼 수 있다. 2005년에는 일본 내 제1호인 물류리트(물류 시설을 투자 대상으로 한 부동산투자신탁)가 상장했다. 그 이후 지금까지 여러 물류리트가 조성되어 물류 시설 개발에 필요한 자금을 모을 수 있게 된 점도 의미가 있다. '소유와 이용의 분리'뿐 아니라 부동산의 증권화를 이루었기 때문이다.

물류 시설 개발업체의 다음 타깃은 '시설 외 리소스'일 것이다. 입주 기업에게 물류 시설뿐 아니라 창고 로봇을 비롯한 범용적 물류 기계·시스템 대여 서비스도 제공할 것이다. 행정 허가를 받는다면 물류 센터에서 일하는 작업자의 인재파견 서비스를 제공할 수도 있다. 입주 기업이 필요한 리소스를 폭넓게 취급할 수 있으면 그만큼 수익 기회가 늘어나는 셈이다.

한편 물류 센터의 운용자로 업태 전환을 하는 것을 생각할 수 있다. 임대료가 아니라 작업료를 얻을 수 있게 되면 수익이 대폭 증가할 것이다. 물론 개발업체에는 물류 센터를 운용하는 속인적 노하우가 없다. 따라서 물류 회사와 같은 운영 체계를 정비해도 경쟁력을 발휘하기 어렵다. 기존에 없는 시스템을 구축해야 사업 기회를 얻을 수 있을 것이다.

그중 하나가 입고 화물의 크기나 모양과 일일 최대 입출고량을 한정하는 것이다. 그렇게 하면 지금 있는 물류 기계나 시스템으로도 소인화를 최대한 추구할 수 있다. 완전자동화를 달성한다면 속인적 노하우가 없어도 해결된다. 사람이 필요하지 않기 때문에 비용 경쟁력을 높일 수도 있다.

개발업체로서의 입지 전략도 크게 전환할 수 있다. 현재 물류 센터의 입지 요건은 '물류 센터의 작업자를 쉽게 모을 수 있을 것'이다. 입고·검수·분류·포장·출고와 같은 작업을 수행하려면 상당한 인력이 필요하기 때문이다. 특히 일본에서는 생산 연령 인구가 감소하고 있고 지하철역이나 주택가에서 얼마나 가까운지도 고려해야 한다. 결과적으로 그 나름의 임대료를 지불해야 하는 장소를 선택해야 한다.

그러나 작업자가 거의 없어도 되는 물류 센터라면 항만이나 공항에서의 거리, 고속도로와 주요 간선도로의 접근성 등 운송 편의성을 최우선으로 용지를 선정할 수 있다. 운송하기는 편하지만 인력을 모으기 힘든 곳이라면 '임대료를 낮춰서 고수익'을 달성할 수

도표 5-9 | 개발업체에 의한 물류 비즈니스 전개

현재 개발업체 비즈니스

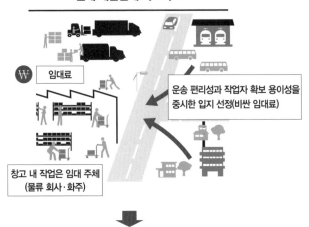

임대료

운송 편리성과 작업자 확보 용이성을
중시한 입지 선정(비싼 임대료)

창고 내 작업은 임대 주체
(물류 회사·화주)

로지스틱스 4.0 시대의 개발업체 비즈니스

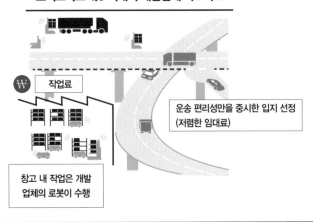

작업료

운송 편리성만을 중시한 입지 선정
(저렴한 임대료)

창고 내 작업은 개발
업체의 로봇이 수행

있다.〈도표 5-9〉

그런데 대형 여행사 HIS는 호텔 경영을 주로 하는 사업자가 아닌데도 세계 최초의 로봇 호텔인 '이상한 호텔'変なホテル을 설립해 뛰어난 고수익을 실현했다. 그 비결은 로봇 활용에 있다. 이상한 호텔은 접수·안내·청소·화물 운반과 같은 작업을 로봇에게 맡김으로써 종업원의 노동생산성을 4배 높이는 데 성공했다.

그중에는 디스플레이를 매체로 한 체크인·체크아웃을 번거로워하거나 호텔 직원과 소통이 없어 무미건조하다고 느끼는 숙박객도 있을 것이다. 하지만 이상한 호텔은 매트리스 품질과 통신환경 등을 잘 갖춰 놓았다. 오히려 그런 점을 중시하는 숙박객도 적지 않을 것이다. 실제로 이상한 호텔에 숙박한 사람의 약 90퍼센트는 '또 이용하고 싶다'고 응답했다.

이상한 호텔의 '이상한'에는 '계속 변화한다'는 의지가 담겨 있다. '상식을 뛰어넘어 경험해 보지 못한 감동과 쾌적함을 목표로 한다.' 오해를 무릅쓰고 말하자면 숙박객의 모든 수요에 대응하는 것이 아니라 필요한 기능과 제공해야 하는 가치를 취사선택해서 기존 호텔에는 없는 노동생산성과 일부 숙박객의 전폭적인 지지를 얻는 데 성공했다고 할 수 있다.

개발업체가 물류 센터 운용자가 되고자 한다면 이상한 호텔처럼 취사선택할 수 있어야 한다. 그렇지 않으면 물류 센터 운용에 관해 풍부한 경험과 실적을 보유한 물류 회사에 이길 수 없다. '물류 회사의 상식에서 벗어나야 할 수 있는 비즈니스 모델'을 창조해야만 얻을 수 있는 비즈니스 기회다.

기존의 사업자인 물류 회사는 여전히 노동집약적이고 속인적인 방식으로 물류 센터를 운용한다. 그리고 그 상당수는 화주인 고객의 요구 사항에 폭넓게 대응할 수 있는 것을 강점으로 삼고 있다. 개발업체는 이 상식을 타파해야 한다. 인력에 의존하지 않는 운용 시스템과 특정한 수요에 대응함으로써 새로운 비즈니스 모델을 만들어 내면 기존의 물류 센터에 없었던 고수익을 이룰 수 있을 것이다.

AI에 대한
정부의 투자란?

2018년 일본 정부의 AI 관련 예산은 역대 최고인 약 770억 엔을 뛰어넘었다. 그러나 문부과학성의 조사에 따르면 미국 정부의 AI 관련 예산은 약 5천억 엔, 중국 정부의 예산도 약 4500억 엔으로 일본과 5배 넘게 차이가 난다. AI에 대한 민간투자액도 일본이 6천억 엔 이상인데, 중국은 6천억 엔 이상, 아마존이나 구글이 있는 미국은 7조 엔 이상이다. 즉 일본 기업은 AI 개발에 관해 미국과 중국 기업과 정면 승부를 해도 승산이 없다는 말이다. 그렇다면 특정한 영역을 타깃으로 선택과 집중을 해야 하지 않을까? 로지스틱스는 유력한 후보 영역이다. AI는 로지스틱스 4.0을 실현하기 위한 핵심 기술 중 하나다. 뛰어난 로봇 기술과 연계하면 그에 상응하는 경쟁력을 얻는 것도 충분히 기대할 수 있다.

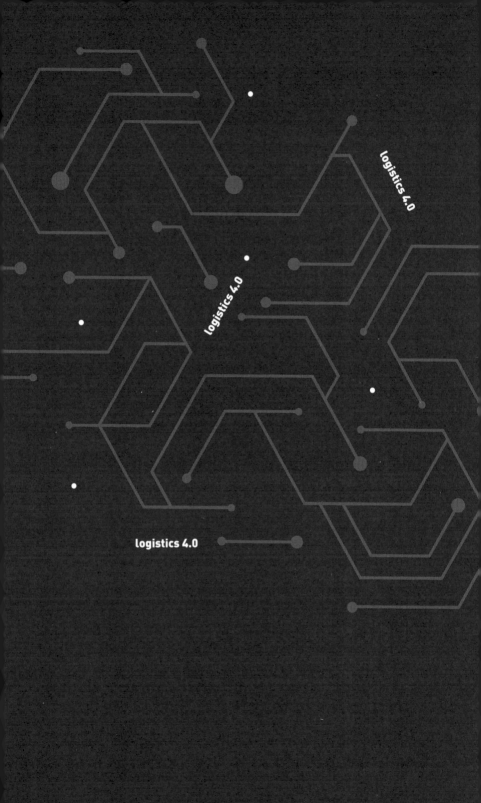

미래의 로지스틱스

logistics 4.0

logistics 4.0

logistics 4.0

logistics 4.0

로지스틱스 업계는 지금 역사적 전환기를 맞이했다. 앞으로 10년간 그 다음 10년간 세계 시스템은 몰라보게 변할 것이다. 1900년과 1913년의 뉴욕 5번가를 촬영한 유명한 사진이 있다. 1900년의 사진에는 수많은 마차가 찍혀 있고 자동차는 단 한 대였다. 그와 반대로 1913년의 사진은 거리가 자동차로 꽉 차 있고 마차는 한 대밖에 없었다. 1908년에 발매된 세계 최초의 양산 대중차인 T형 포드가 세상을 바꿔 놓은 것이다. 불과 몇 년 만에 마차는 '시대에 뒤떨어진 수단'이 되고 자동차를 타는 것이 '보통'이 되었다.

1900년과 1913년의 뉴욕 5번가

출처: (위) National Archive×Newsmakers×Getty×교도통신이미지

(아래) Library of Congress Prints and Photographs Division Washington, D.C.×교도통신이미지

지금으로부터 20년 전 휴대전화는 최첨단 통신기기였다. 유선 전화가 있어도 '한 집에 1회선'이 기본이었고 다른 사람과 이야기를 하려면 누군가에게 바꿔 달라고 하는 게 보통이었다. 지금은 '한 사람에 한 대'가 보통이고 전화를 바꿔 달라고 할 일은 크게 줄었다. 휴대전화 없이 만날 약속을 잡는 것도 생각할 수 없는 상황이다. 지하철에서 스마트폰으로 메일을 확인하고 쇼핑을 하며 영상을 보거나 메시지를 주고받는 일이 보통이 되었다. 반대로 지하철에서 신문이나 만화잡지를 펼치는 것은 시대에 뒤떨어진 일이 되었다.

GAFA는 20년간 IT의 이런 진화를 예상한 비즈니스 모델을 타사보다 앞서 구축해 지금의 지배적 위치를 확립하는 데 성공했다. GAFA를 구성하는 구글, 애플, 페이스북, 아마존 4사는 지금 세계 굴지의 시가총액을 보유하기에 이르렀다.

로지스틱스 업계에서 향후 20년은 1990년대 중반 이후의 IT 발전에 비견될 것이다. 20년 뒤에는 '트럭 운전수가 운전면허를 보유할 필요가 없고', '로봇이 화물을 배달하고', '트럭이나 물류 센터의 가동이 전부 공유되는' 게 '보통'의 일이 될 수도 있다. 그런 미래를 남보다 빨리 창조할 수 있다면 로지스틱스 업계의 GAFA가 될 수 있다. 그리고 그러한 미래가 현실이 된다면 인력 부족은 더 이상 로지스틱스의 족쇄가 되지 않을 것이다. 경제의 혈맥인 로지스틱스의 활성화는 경제가 지속적으로 성장하는 데 꼭 필요하다.

로지스틱스의 가치

물건을 운반하는 의미

로지스틱스라는 말은 원래 '병참'을 뜻하는 군사용어였다. 지금은 '물류'라고 말하는 경우가 늘었지만 본질적 의미는 여전히 같다. 필요한 물건을 관리하여 필요한 장소에 운송하는 것이 로지스틱스의 본래 역할이다.

그렇다면 3PL 사업자에게 물류 업무의 모든 것을 위탁하면 '필요한 물건을 필요한 장소에 정확하게 운반한다'는 계약이 되는가하면 꼭 그렇지만은 않다. 화물 보관 장소나 방법, 입출고 과정, 트럭 사용 수량과 적재 방법 등을 미리 확인하여 필요에 따라 계약서에 기재하는 것이 일반적이다. 3PL 사업자에 지불하는 비용도 각화물의 보관 기간과 입출고량, 납품처까지의 운송 거리 등을 청구한다. 즉 작업 내용을 명시해서 그 작업량에 따라 비용을 지불하므로 청구 금액에 의문을 품지 않는다. 어떤 문제가 발생했을 때 그원인을 밝히기도 쉽다.

반면 택배를 이용할 때 화물 적재 장소나 방법, 집하·배하 과정,

트럭 사용 수량과 적재 방법 등을 확인하진 않는다. 화물 크기와 도착지까지의 거리에 준한 비용 청구를 받을 뿐이며 그 이상의 상세한 내용은 기재되지 않는다. 그렇지만 대다수 화주 입장에서는 지정 장소에 지정 시간대로 화물이 도착하면 아무 문제가 없다. 택배 사업자는 필요한 물건을 필요한 장소에 정확하게 운반해 주면 된다는 수요에 적절하게 대응하고 있다.

물류를 핵심 역량으로 하지 않는 화주라면 사실은 지정 장소에 지정 시간대로 물건이 도착하기만 하면 되겠지만, 어떤 장소에 보관되어 있든 어떤 트럭으로 운반되든 물건 관리가 적절하다면 지장이 없다. 물류 업무의 상세 내용을 파악하려면 나름의 관리가 필요하다. 납품처의 소재지를 알리고 출고 지시를 내리고 나서 납품에 이르는 리드타임, 최대 출고량, 보관 방법 등의 모든 조건을 설정만 해도 실제 운용은 택배 사업자에게 화물을 위탁하듯이 3PL 사업자에게 모든 것을 맡겨도 문제가 없다는 말이다.

3PL 사업자를 비롯한 물류 회사도 택배 사업자와 같은 서비스 제도를 구축하면 수익을 극대화하기 위한 다양한 방법을 시행하기 쉬워진다. 이를테면 화주별로 보관 장소를 설정하지 않고 화물의 크기와 보관 방법 등에 따라 모아놓을 수도 있다. 이렇게 하면 납품처의 소재지별로 공동 배송을 하기 쉽다. 자유도가 커질수록 다양한 화주의 화물을 취급하는 물류 회사 특유의 효율화를 추구할

수 있는 것이다.

미래의 로지스틱스는 거의 모든 물류 서비스가 택배처럼 플랫폼화될 것이다. 화주와 물류 회사의 계약은 필요한 물건을 필요한 장소에 정확하게 운반한다는 내용으로 바뀐다. 물류를 핵심 역량으로 삼지 않는 화주는 물류 관리라는 본래 자사에서 대응할 필요가 없는 업무에서 해방될 것이다. 물류 회사는 운송과 보관·하역이라는 작업을 위탁받지 않고 '물건을 운반하는 가치'를 제공하는 존재로 변할 것이다.

물건과 함께 운반할 수 있는 가치

대다수의 물건은 조달·생산에서 판매·소비에 이르는 공급망 과정에 따라 운반된다. 공장에서 물류 센터, 점포 등으로 운반되는 물품이 그 반대 과정을 거치는 물품보다 훨씬 많다. 그 점에서 보면 '물건을 운반하는 것은 공급망을 뒷받침하는 행위로 이어진다'고 할 수 있다.

한편 물류 회사는 물건을 운반하는 과정을 통해 다양한 정보를 입수한다. 상품을 배송하는 과정에서 납품처인 물류 센터의 재고 상황이나 점포에서의 판매 동향을 파악할 수 있다. 택배 기사라면 배달하는 곳의 가족 구성과 재택 시간, 전자상거래의 이용 빈도 등을 경험적으로 파악하고 있다. 이런 정보를 디지털화·익명화하여 공급망의 상류에 위치한 제조업체나 공급업체에게 제공하면 생산량과 출고량 적정화, 광고·판촉 효율화에 활용할 수 있다.

즉 로지스틱스는 물건뿐 아니라 정보도 운반함으로써 더욱 큰 가치를 발휘할 수 있다. 정보는 주로 하류에서 상류로 운반되며 미래의 로지스틱스는 '공급망뿐 아니라 수요망도 뒷받침하는 존재가 된다'고 할 수 있다.

운반하는 과정에서 제공할 수 있는 가치

트럭이나 로봇 등의 물류 기계, TMS와 WMS를 비롯한 물류 관리 시스템은 물건이나 정보를 운반하는 것 외의 가치를 제공할 수도 있다. 이를테면 자율운행 트럭 상용화를 향해 차량에 카메라나 센서가 탑재되면 그 데이터를 교통안전이나 지역 방범에 활용할 수도 있다. 택배 로봇이 화물을 운반할 뿐 아니라 어린 아이를 배웅하고 맞이하거나 도로 청소도 하게 될 수도 있다. 물류 센터나 공장, 점포, 호텔, 사무실 등에서 범용 로봇 한 대를 공유해서 임시직이나 아르바이트를 쓰듯이 '단기고용'하는 것도 생각할 수 있다.

또는 클라우드형 물류 관리 시스템 이용이 한층 확대되어 배차계획과 출고계획이 전날까지 데이터화된다면 도로 정체를 정확하게 예측할 수 있을 것이다. 배차계획이나 출고계획과 같은 미래의 정보를 바탕으로 시뮬레이션할 수 있기 때문이다. 교통정체로 인한 배송 지연이나 비효율 문제도 개선될 것이다. 그 데이터는 트럭뿐 아니라 일반 승용차와 버스 운행에도 이용될 것이다.

물류 기계·시스템의 진화와 활용 확대를 이루려면 상당한 투자가 필요하다. 그러나 물건이나 정보를 운반하는 것 외의 가치를 발휘할 수 있다면 투자 대비 효과를 얻기 쉬워진다. 미래의 로지스틱스는 물건이나 정보뿐 아닌 '사회에 쾌적함을 운반하는 존재'가 됨으로써 인프라로서의 가치를 높일 수 있다.

문화 상품으로서의 로지스틱스

지역에 따른 차이

자동차나 가전제품처럼 기능과 성능으로 우열이 갈리는 '문명 상품'은 비교적 글로벌 사업을 하기 쉽다. 반대로 식품이나 화장품처럼 주관적인 기호로 선택되는 '문화 상품'은 그 나라의 문화나 생활양식에 적응하는 것이 중요하다.

일반적으로 서비스업은 문화 상품에 해당한다. 물류 서비스도 예외가 아니어서 문화 상품적 측면이 강하다. 그 나라의 물류 품질에 대한 사고방식이나 운송 환경에 적응하는 것이 요구되기 때문이다. 실제로 DHL과 UPS와 같은 세계적 물류 회사조차 현지 로컬 물류는 위탁처에 맡기거나 현지 회사를 매수해서 자사의 네트워크에 편입시킨다.

일본의 물류 회사의 경우 해외 진출 실적이 낮다. 해외 매출액이 전체 수익의 50퍼센트를 넘는 물류 회사는 긴테쓰익스프레스와 유센로지스틱스 등 대형 포워더에 한정된다. 해외 매출액도 일본계 기업의 현지 법인에게 수주를 받는 것이 대부분인 물류 회사가 적지 않다. 결국 일본의 물류 회사 중 상당수는 일본계 기업을 상대로 일한다는 말이다.

물류 장비산업화는 이런 상황에 다소 변화를 일으킬 것이다. 속인적 노하우와 속사적 시스템에 의존하지 않는 플랫폼 서비스를 구축할 수 있다면 지금까지보다 해외에 사업을 전개하기 쉽기 때문이다. 해외 사업을 강화할 때는 일본의 물류 비즈니스만이 갖는 강점은 물류 품질과 대응력을 무기로 경쟁 우위를 차지하는 것이다.

물류의 품질을 내세우는 법

일본 회사는 극대화-maximization나 극소화-minimization를 실현하려는 의식이 대단히 강하다. 이를테면 생산성과 효율성은 무조건 높이려 한다. 출고 오류와 결품은 한없이 0으로 낮추려 한다. 그 결과 세계 굴지의 물류 품질을 달성했지만 관리 비용이 비교적 클 수밖에 없다. 반면 유럽과 북미의 물류 회사는 대체로 최적화-optimization

를 중시한다. 이익 증대로 이어지지 않는 수준의 효율·품질을 추구하진 않는다. 그러므로 수익성은 높지만 운용 면에서의 혁신이 좀처럼 일어나지 않는다.

물론 어느 쪽이 옳다는 말은 아니지만 일본 회사는 품질을 내세울 수 있는 영역을 타깃으로 해야 한다. 정밀한 온도 관리가 필요한 의약품이나 냉동·냉장식품처럼 물류 품질이 상품 가치에 영향을 미치는 업계·업종이 유망하다.

현장 대응력을 키우는 법

일본 물류 회사 중 상당수는 개별 대응을 잘하는 편이다. 계약 외의 요청에도 가능한 대응하려고 한다. 업무를 최대한 정형화하여 예외적 대응을 원칙적으로는 받아들이지 않음으로써 비용 경쟁력을 높이려는 다른 나라의 물류 회사와는 크게 다른 방침이다.

이런 차이가 생기는 원인은 두 가지다. 하나는 화주가 개별 대응을 원하기 때문이다. 현장에서의 유연한 대응을 중시하므로 비용에 큰 차이가 없으면 융통성이 있는 물류 회사를 선택한다. 화주의 요구 사항에 부응하려면 대응력을 높이는 것이 필수다. 또 하나의 원인으로 현장력 차이를 들 수 있다. 일본에서는 매뉴얼에 없는 지시나 현장에서의 재량이 필요한 업무도 그에 적합하게 처리할 것이 기대된다. 매뉴얼대로의 운용을 전제로 하는 다른 나라의 기업과 차이가 나는 점이다.

대응력 차이는 창고 로봇 도입에도 격차를 만들었다. 현장대응력이 낮으므로 업무 정형화가 앞서 있던 나라에서는 일본보다 5년 먼저 창고 로봇이 활용되기 시작했다. 선반 운송형 로봇처럼 작업 주체를 인간을 대체하는 로봇 도입에 적합한 것이다. 반면 일본과 같이 현장대응력이 높고 업무 정형화가 이루어지지 않은 나라에는 협동 로봇 도입이 적합하다. 사람과 협업해 생산성을 높이는 것을 기대할 수 있다. 물류 시장의 성숙도를 고려하는 데 기존의 창고설비를 사용할 수 있다는 점도 우위점이라 할 수 있다.

이런 특질을 강점으로 삼아 해외로 진출한다면 협동 로봇을 핵심으로 한 운용 플랫폼을 구축해야 한다. 운용 시스템이 확립되지 않은 신흥국, 개별 관리가 필요해서 운용 정형화에 한계가 있는 특주품이나 중고품이 유력한 타깃이 될 수도 있다.

미래를 위한 마인드 리셋

단기 투자회수를 전제하지 마라

최근 로지스틱스 4.0을 향해 나아가려는 기업이 늘고 있다. 로지스틱스 4.0을 제목으로 한 세미나도 늘어났다. 선진적 물류 기계·시스템을 접할 수 있는 물류 전시회에는 많은 사람들이 찾아온다. 로지스틱스 4.0에 대한 관심이 현저히 높아진 것이다.

그러나 실제로 최첨단 물류 시스템을 도입한 기업은 일부에 지나지 않는다. 창고 로봇이나 드론 활용을 결정하기만 해도 업계 신문의 기사에 날 정도다. 대다수 기업들이 관심은 있지만 투자하기에는 이르다고 판단한 듯하다.

사실은 창고 로봇이나 드론을 도입해서 투자액을 회수할 만한 효과를 얻지 못해서이기도 하다. 팰리타이저, 디팰리타이저, 피킹 로봇 등도 마찬가지다. 최첨단 기계·시스템을 도입하기만 하면 생산성과 효율성이 비약적으로 향상할 것이라고 생각한다면 그것은 환상이다. 최첨단일수록 도입 실적이 적고 운용 방법이 확립되지 않았으며 성능도 불안정하다. 확실하게 투자 대비 효과를 얻을 수 있는 기계·시스템이 아니기 때문에 아직 일부 업체에서만 쓰이는 것이다.

그러나 기계·시스템을 도입하면 대상이 되는 운용 프로세스의 정형화를 할 수 있고 경험도 쌓을 수 있다. 처음에 도입한 기계·시스템은 기대만큼의 성과를 내지 못하겠지만 다음 투자를 위한 초석이 될 수 있다. 로지스틱스 4.0을 향한 시도를 앞서 추진하고 싶다면 단기간에 투자액을 회수하겠다는 전제를 버리고 미래의 투자를 고려한 중·장기적 관점에서 의사 결정을 하는 것이 중요하다.

파급적 가치를 평가하라

로지스틱스 4.0은 IoT, AI, 로보틱스와 같은 차세대 디지털 기술로 인해 성립된다. 속인적 노하우나 속사적 시스템을 기반으로 한 아날로그적 운용에서 디지털로 전환되는 것이다. 변화의 핵심은 정보를 옮겨 받고 쌓을 수 있게 되는 것이다.

한 예로 어느 물류 센터에 로봇을 10대 도입한다고 하자. 로봇 본체를 구입하고 운영 시스템 설계도 현장에 맞추어야 하므로 투자액을 회수하려면 5년은 있어야 한다. 도입 실적이 적기 때문에 실제 사용할 수 있는 기간이 불투명한 점을 생각하면 자금에 여유가 있는 화주가 아니면 투자결정을 내리기에는 너무 긴 회수 기간이라 할 수 있다.

그러나 그 회사가 여러 물류 센터를 운영하고 있어서 다른 물류 센터에 도입할 때에는 운용 설계와 시스템을 현장에 맞추는 데 비용이 들지 않아 투자 회수 기간이 절반으로 줄어든다면 어떨까? 여러 물류 센터에 도입하면 운용 효율을 높이는 데 필요한 데이터를 빨리 축적할 수 있으므로 투자 회수 기간이 더욱 단축된다면 어떨까? 한 번 로봇을 도입하면 그 데이터를 연계할 수 있으므로 다음 도입에 필요한 비용이 절반으로 줄어든다면 어떨까?

디지털 기술을 핵심으로 하는 기계·시스템은 트럭이나 지게차 등과 달리 운용 규모가 크고 데이터를 많이 축적할수록 투자 대비 효과에 가속도가 붙는다. 그것은 이러한 설비를 도입하는 기업뿐 아니라 개발하는 기업에도 해당한다. 기계·시스템에 대해 전략적 투자를 기반으로 선행 주자라는 우위를 차지한다면 그 파급적 가치를 적절하게 평가해야 한다.

자신의 의사를 갖고 판단하라

IoT, AI, 로보틱스와 같은 차세대 기술은 하루가 다르게 발전하고 있다. 3년 뒤에는 지금의 두 배 이상 성능을 자랑하는 기계·시스템이 반값에 팔릴지도 모른다. 그러면 3년 뒤에 투자하기로 해야 할까? 그렇게 생각하는 사람은 아무리 시간이 흘러도 '미래를 향한 한 걸음'을 떼지 못할 것이다. 3년 뒤가 되어도 그 다음 3년 뒤에는 더 좋은 기계·시스템이 판매될 거라고 생각할 테니 말이다.

결국 미래의 혁신을 정확히 예측할 수는 없다. 위험 요소를 최소화하려고 한다면 누군가의 뒤만 쫓아다녀야 한다. 미래를 '상상'하는 것이 아니라 스스로 '창조'하려고 생각하는 사람만이 로지스틱스 4.0의 세상을 이룰 수 있다. 다시 말해 '자신의 의사를 갖고 판단하는 역량'을 키워야 한다.

누가 로지스틱스의 미래를 짊어질 것인가?

GAFA를 구성하는 4사 중 구글, 페이스북, 아마존은 모두 1990년대 중반 이후에 설립되었다. 이베이eBay, 트위터Twitter, 알리바바, 징동상청, 라쿠텐 같은 IT 기업도 마찬가지다. IT 발전을 내다본 비즈니스 모델을 선구적으로 구축해 불과 20년 만에 누구나 이름을 아는 존재로 성장한 것이다. 로지스틱스 4.0은 예전의 IT가 한 것과 같은 변화를 이룰 것이다. 지금은 무명의 벤처가 20년 뒤에는 GAFA를 초월한 존재가 될지도 모른다. 물류업계에는 없었던 비즈니스를 창조한 기업만이 로지스틱스의 미래를 짊어질 주역이 될 것이다.

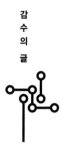

미래 산업은 물류에 있다

정연승

(단국대 경영학부 교수, 미래산업연구소 소장)

최근 한국 온라인 쇼핑 시장에 등장한 한 혁신적 비즈니스 모델이 온라인을 넘어 오프라인 유통 시장까지 지각변동을 일으켰다. 그것은 바로 새벽 배송이라는 전 세계 유례가 없는 모델로 온라인 플랫폼과 오프라인 유통으로 구분되던 유통 물류업계의 경계를 허물었다. 국내 1, 2위의 거대 유통업체를 위기로 내몰며 무한 경쟁의 배송 경쟁 시대를 촉발했다. 최근 편의점 업체들의 가장 큰 강적이 대형마트가 아니라 '배민'과 '로켓 배송'이라는 말이 나올 정도로 이제 물류 배송은 영역을 초월하는 영향력을 미치고 있다.

글로벌 시장에서도 최근 아마존, 알리바바, 오카도 등 온라인 유통 플랫폼 업체들은 막강한 물류 역량을 탑재함으로써 페덱스, UPS 등 전통적인 물류 강자들의 입지를 위협하고 있다. 실제 페덱스는 최근 물류 라이벌로 부상한 아마존과 협업 관계를 종료하였다. 이들은 막강한 데이터 정보 역량과 이를 활용할 수 있는 최첨단 물류 기술 및 물류 인프라를 갖춤으로써 유통·물류·운송·통신의 영역을 허물고 블랙홀과 같이 모든 자원을 빨아들이고 있다.

특히 아마존은 현재 전 세계 200개 이상의 물류 센터, 선반 운송형 로봇 드라이브, 수천 대 규모의 자사 트럭, 드론을 활용한 택배 서비스, 장거리 운송을 위한 항공과 해상 물류 자원 등을 갖추고 세계 최대의 물류 회사로 성장하고 있다. 실제 아마존의 핵심 경쟁력은 제품 판매가 아니라 클라우드와 물류 서비스에 있으며, 아마존의 창업자이자 CEO인 제프 베조스는 '아마존은 로지스틱스 컴퍼니'라고 공언한 바 있다.

이러한 상황 속에서 로지스틱스 4.0 개념은 최근 물류 시장 변화의 동인과 향후 물류 시장의 변화 방향을 잘 설명해 주며 핵심 개념으로 등장하고 있다. 로지스틱스 4.0의 핵심은 바로 소인화와 표준화를 양축으로 한 물류의 장비산업화에 있다. 즉 물류 산업에 창고 로봇, 자율주행 등이 보급되어 점점 소인화되고, 모든 공급망에서 물류 기능이 연결되어 표준화를 달성하는 개념이다. 또한 로지스틱스 4.0은 IoT, AI, 로보틱스, 자율주행이라는 이른바 4차 산업혁명으로 불리는 차세대 테크놀로지의 발전과 활용 범위를 확대하여 물류 산업과 그 주변 업계에 파괴적 혁신을 불러올 것이다. 결국 로지스틱스라는 기존 산업의 범위를 초월한 거대 플랫폼들을 탄생시킬 것을 예고하고 있다.

향후 로지스틱스 4.0는 물류 회사의 사업 환경을 180도 바꿔 놓고 물류 산업에 커다란 위협을 주는 동시에 비약적인 성장의 기회를 마련할 것이다. 로지스틱스 플랫포머, 운영 아웃소싱 서비스업체, 통합 공급업체 등 로지스틱스 4.0 시대를 고려한 비즈니스 모델로 발전한 물류 회사는 비약적으로 성장할 수 있는 반면, 변화에 적응하지 못하고 기존 노동집약적 비즈니스 모델을 고수하는 물류 회사는 경쟁에서 낙오될 것이 분명하다. 약진의 발판으로 삼을 것인가, 도태 위협에 노출될 것인가는 물류 회사의 의지에 달려 있다.

결국 로지스틱스 혁신을 준비하는 기업의 전략적 의사결정을 가장 효율적으로 지원할 수 있는 기반 시스템과 지원 역량을 갖춰야 한다. 이 책은 미래 물류 산업의 방향을 읽고 이를 통해 기업의 제반 시스템과 역량을 미리 준비하고자 하는 모든 기업들에게 영감을 주고 나침반이 되어 줄 것이다. 일찍 일어나는 새가 결국 벌레를 잡는다.

옮긴이 **오시연**

일본어 전문 번역가. 종합 출판 에이전시 (주)엔터스코리아에서 출판기획과 일본어 번역을 하고 있다. 동국대학교 회계학과를 졸업했으며 일본 외어전문학교 일한통역과를 수료했다. 옮긴 책으로는 《무엇을 아끼고 어디에 투자할 것인가》《교양으로서의 테크놀러지》《지금 바로 회계에 눈을 떠라》《회계의 신》《돈이 당신에게 말하는 것들》《현금경영으로 일어서라》 등이 있다.

로지스틱스 4.0

초판 1쇄 발행 | 2019년 11월 13일
초판 3쇄 발행 | 2023년 3월 31일

지은이 | 오노즈카 마사시
옮긴이 | 오시연
감수자 | 정연승

발행인 | 김기중
주간 | 신선영
편집 | 백수연, 민성원
마케팅 | 김신정, 김보미
경영지원 | 홍운선
펴낸곳 | 에밀

주소 | 서울시 마포구 동교로 43-1(04018)
전화 | 02-3141-8301~2
팩스 | 02-3141-8303
이메일 | info@theforestbook.co.kr
페이스북·인스타그램 | @theforestbook
출판신고 | 2009년 3월 30일 제2009-000062호

ISBN | 979-11-90357-06-7 (03320)

이 도서의 국립중앙도서관 출판예정도서목록(CIP)은 서지정보유통지원시스템 홈페이지(http://seoji.nl.go.kr)와 국가자료종합목록시스템(http://www.nl.go.kr/kolisnet)에서 이용하실 수 있습니다. (CIP제어번호 : CIP2019043506)